Suizid bei Kindern
und Jugendlichen

Klinische Psychologie und Psychopathologie

Herausgeber: Prof. Dr. med. Dr. phil. Helmut Remschmidt

Band 24

Suizid bei Kindern und Jugendlichen

Herausgegeben von
Ingeborg Jochmus und Eckart Förster

Ferdinand Enke Verlag Stuttgart 1983

Prof. Dr. med. Ingeborg Jochmus
Universitäts-Kinderklinik
Robert-Koch-Straße 31, 4400 Münster

Dr. med. Eckart Förster
Evangelisches Krankenhaus
4300 Essen-Werden

CIP-Kurztitelaufnahme der Deutschen Bibliothek

Suizid bei Kindern und Jugendlichen
hrsg. von Ingeborg Jochmus u. Eckart Förster. –
Stuttgart: Enke, 1983.
(Klinische Psychologie und Psychopathologie:
Bd. 24)
ISBN 3-432-93211-1

NE: Jochmus, Ingeborg [Hrsg.] ; GT

Satz: Kruszinski GmbH, 7300 Esslingen
Druck: Betz-Druck GmbH, 6100 Darmstadt-Arheilgen

Geleitwort

Der vorliegende Band beschäftigt sich mit verschiedenen Aspekten suizidalen Verhaltens bei Kindern und Jugendlichen. Mit dieser Problematik haben Kinder- und Jugendpsychiater, aber auch Ärzte anderer Fachrichtungen und klinische Psychologen beinahe täglich zu tun. Dennoch gehört die Abschätzung der Suizidalität von Kindern und Jugendlichen zu den schwierigsten klinischen Aufgaben.

Die Autoren dieses Bandes geben Erfahrungsberichte aus der klinischen Praxis, aus aktuellen Forschungsprojekten zum Thema und berichten ferner über einige Fragestellungen auch anhand empirischer Untersuchungen. Ein wichtiger Akzent liegt dabei auf der Möglichkeit der Früherkennung suizidalen Verhaltens, sei es auf der Basis testpsychologischer Verfahren, sei es anhand der Todesphantasien Jugendlicher oder über den Weg familiendynamischer Zusammenhänge. Freilich kann ein Sammelband nur Ausschnitte bieten und nicht umfassend sein. Die hier zusammengefaßten Beiträge wollen allen, die mit suizidalen Kindern und Jugendlichen sowie deren Familien zu tun haben, Erfahrungen mitteilen, Hilfestellungen geben, zu weiterem Nachdenken anregen, aber auch zum Handeln ermutern.

Marburg, Dezember 1982 *Helmut Remschmidt*

Vorwort

Die Versorgung der in ihrer psychischen Entwicklung gestörten Kinder und Jugendlichen läßt trotz der vor einigen Jahren bereits ermittelten Bedarfssituation (Psychiatrie-Enquête 1975) nach wie vor in ganz erheblichem Ausmaß zu wünschen übrig. In Hinblick auf Selbsttötungsgedanken und -handlungen dieser Altersgruppe ist das um so bedeutsamer, als wir wissen, daß besondere Krisen und chronische Konfliktsituationen den Selbstmord als einzigen Ausweg erscheinen lassen. Bei rechtzeitiger Erkennung der Gefährdung wäre also eine Verhütung einer solchen folgenschweren Handlung junger Menschen möglich.

Da der Suizid bei Jugendlichen die zweithäufigste Todesursache darstellt, außerdem die Drogensucht in Analogie zum Selbstmord gesehen werden kann, ist die Thematik heute ganz besonders aktuell. In den Jahren 1974–1979 war in rund 30% ein vorangegangener Suizidversuch Veranlassung für die Aufnahme in einer Jugendpsychiatrischen Abteilung in Essen; Suizidalität in Zusammenhang mit psychotischen Erkrankungen blieb bei der Ermittlung dieser Zahl unberücksichtigt. Als Kinder- und Jugendpsychiater fühlen wir uns in unserer Verantwortlichkeit durch diese Fakten besonders aufgerufen.

Im Rahmen der XVII. Tagung der Deutschen Gesellschaft für Kinder- und Jugendpsychiatrie 1981 in München war es unser Bestreben, einen Überblick über den derzeitigen Wissensstand und die augenblicklichen Forschungsrichtungen hinsichtlich der Suizidproblematik zu geben. Ein Anspruch auf Vollständigkeit kann dabei selbstverständlich nicht erhoben werden. Wenn gelegentlich sich widersprechende Aussagen erkennbar werden, so zeigt das an, was auf diesem Gebiet noch ungeklärt ist. Die offenen Fragen mögen zu weiteren Untersuchungen anregen.

Die vorliegenden Ergebnisse werden aber auch jetzt schon für den praktisch Tätigen hilfreich bei der Behandlung suizidaler Kinder und Jugendlicher sowie ihrer Familien sein.

Motive, die zum Suizid führen, sind sehr komplexer Natur und resultieren aus einer Fülle von Faktoren, die es zu erkennen gilt. Eine der wichtigsten Aufgaben sind die Beurteilung noch vorhandener Suizidalität und die Prävention weiterer Suizidversuche. Aufklärungsarbeit ist erforderlich, damit die Umwelt zukünftig Selbstmordandrohungen Heranwachsender besser einzuschätzen lernt.

Münster, Essen
Oktober 1982

I. Jochmus
E. Förster

Autorenverzeichnis

Danke, F., Dr. med., Univ.-Nervenklinik, Füchsleinstraße 15, 8700 Würzburg

Drömann, S., Dr. med. Haus Voigt, Dennenbergstraße 5, 7820 Titisee-Neustadt

Eggers, Chr., Prof. Dr. med., Univ.-Klinik, Hufelandstraße 55, 4300 Essen, Klinik für Kinder- und Jugendpsychiatrie

Ehrhardt, H.-E., Prof. Dr. med., Dr. phil., Dr. jur.h.c., Universitäts-Institut für Gerichtliche und Sozial-Psychiatrie, Ortenbergstraße 8, 3550 Marburg

Eisert, H.-G., Dr. phil., Zentralinstitut für Seel. Gesundheit Mannheim, Kinder- und Jugendpsychiatr. Klinik, 6800 Mannheim

Faust, V., PD, Dr., RMD PLK Weissenau, Abt. Psychiatrie I der Universität Ulm, 7980 Ravensburg-Weißenau

Förster, E., Dr. med., Evangel. Krankenhaus, Pattbergstr. 1–3, 4300 Essen-Werden

Hobrücker, B., Dipl.-Psych., Kinder- und Jugendpsychiatrie im Zentrum Nervenheilkunde der Universität, Niemannsweg 147, 2300 Kiel 1

Jochmus, I., Prof. Dr. med., Univ.-Kinderklinik, Psychosomat. Abt., Robert-Koch-Straße 31, 4400 Münster

Klosinski, G., Dr. med., Univ. Tübingen, Abt. Kinder- und Jugendpsychiatrie, Osianderstraße 14, 7400 Tübingen

Löchel, M., Dr. med., Birkäckerstraße 7, 7543 Engelsbrand 3

Mannsmann, V., Dr. med., Abt. Kinder- und Jugendpsychiatrie, Psychiatrisches Landeskrankenhaus Weißenau, 7980 Ravensburg-Weißenau

Müller-Küppers, M., Prof. Dr. med., Abt. Kinder- und Jugendpsychiatrie der Universität, Blumenstraße 8, 6900 Heidelberg

Otto, U., Prof. Dr. Barn- och ungdomspsykiatriska kliniken, Centralasarettet, Floravägen 3, 291 00 Kristianstad/Schweden

Remschmidt, H., Prof. Dr. med., Dr. phil. Klinik für Kinder- und Jugendpsychiatrie der Philipps-Universität, Hans-Sachs-Str. 6, 3550 Marburg

Schaller, S., Dipl.-Psych. Otto-Selz-Institut für Psychologie und Erziehungswissenschaft der Univ. Mannheim, 6800 Mannheim-Schloß

Schenck, K., Prof. Dr. med., Abt. Kinder- und Jugendpsychiatrie, Psychiatrisches Landeskrankenhaus Weißenau, 7980 Ravensburg-Weißenau

Schleiffer, R., Dr. med., Abt. Kinder- und Jugendpsychiatrie der Johann-Wolfgang-Goethe-Universität, Deutschordenstraße 50, 6000 Frankfurt/Main

Schmidtke, A.: Dipl.-Psych., Psychiatrische Klinik, Zentralinstitut für Seelische Gesundheit, J 5, 6800 Mannheim 1

Schmitz, G., Dipl.-Psych. Abt. Kinder- und Jugendpsychiatrie im Zentrum Nervenheilkunde der Universität, Niemannweg 147, 2300 Kiel 1

Wolf, M., Dr., Abt. Kinder- und Jugendpsychiatrie, Psychiatrisches Landeskrankenhaus Weißenau, 7980 Ravensburg-Weißenau

Inhalt

Der ärztlich-ethische Aspekt des Suizids von Kindern und Jugendlichen*

Manfred Müller-Küppers

Zusammenfassung

Nach einem kurzen historischen Überblick über die mit dem Suizid verbundene ethischen Probleme wird auf die spezielle Situation bei Kindern und Jugendlichen eingegangen. Nicht nur Suizide, sondern auch Suizidversuche haben zugenommen und gleichzeitig die Bereitschaft über Suizidabsichten offen zu sprechen. Diese Form der Verbal-Suizide stellt den Kinder- und Jugendpsychiater vor neue Probleme. Einige Beispiele illustrieren die Schwierigkeiten und Grenzen therapeutischer Möglichkeiten. Suizidprophylaxe wird als eine wichtige Aufgabe hervorgehoben.

„Heute morgen, als ich von ihrem Tod erfuhr, habe ich mir zum ersten Mal Gedanken über mein Leben und den Tod gemacht. Bisher hatte ich solche Überlegungen nie angestellt. Ich war jung und lebte und das war für mich die Hauptsache. Aber nun dachte ich daran, daß ich auch einmal sterben würde, durch einen Verkehrsunfall, an einer Krankheit oder eines natürlichen Todes. Spätestens in 60 oder 70 Jahren würde es soweit sein. Und dann, wie wird es weitergehen? Leben nach dem Tod, Weiterleben der Seele, Auferstehung, kann man daran glauben? Wo ist Gott? Ist er im Himmel und schaut von oben auf die Menschen herab, so wie man es kleinen Kindern beibringt? Menschen landen auf dem Mond und legen dazu kaum unvorstellbare Entfernungen zurück. Sie haben Gott nicht gesehen. Wenn er sich ihnen nicht zeigt, wie soll er sich den Menschen auf der Erde zeigen? Durch Worte und Taten, wie sie in der Bibel zu lesen sind? War Moses ein Märchenerzähler, vermittelten ihm gewaltige Naturereignisse die Vision eines Gottes, oder ist ihm dieser wirklich erschienen? Anders gefragt: Ist der Gott der Menschen nur Phantasie? Ist der Mensch nicht ein Ebenbild Gottes, sondern Gott ein Ebenbild der Menschen? Haben sie ihn nur erfunden, um ihrer Existenz einen Sinn zu geben, um das Leben leichter, das Sterben beruhigender zu machen? Ein schrecklicher Gedanke! Dann wäre es eine einzige Kette von Geburt und Tod, ohne Zweck und Ziel. Soll man deshalb dem Absurden seiner Existenz ein Ende machen und Hand an sich legen? Nein, denn dies wäre die Negation von Selbsterhaltungstrieb und Lebenswille. Überlegung wird durch Gefühl verdrängt. So fristet man eben sein Leben weiter mit der bitteren Erkenntnis, die Vergangenheit nicht mehr zurückrufen zu können und mit jedem Tag, der vergeht, dem Tod näher zu kommen."

Dieser 17jährige Jugendliche ist ein Kind unserer Zeit. Seine Gedanken übertreffen an Tiefe und Weisheit manche Reflektionen Erwachsener. Ihn hat offensichtlich der Selbstmord einer Gleichaltrigen erschüttert und zum Schreiben gezwungen, seine Leserzuschrift ist ein Bekenntnis zum Leben.

Die Zahl der jungen Menschen, die sich mit suizidalen Gedanken trägt, ist Legion, und die mehr als 500 Suizidtoten, die wir an Kindern und Jugendlichen zur Zeit jährlich zu beklagen haben, ist ihre stumme anklagende Vorhut. Diese jungen Menschen stellen nicht nur für die Epidemiologie, für die Intensivmedizin und für unser custodiales System, sondern allgemein für unser ärztlich-ethisches Handeln ein Problem dar. In der Kinder- und Jugendpsychiatrie wurde – wie in der Mehr-

* Annemarie Dührssen zum 65. Geburtstag in Dankbarkeit gewidmet

zahl der anderen medizinischen Disziplinen – über ethische Fragen in den letzten Jahrzehnten kaum gesprochen. Ethik ist erst in den letzten Jahren durch die Einsetzung von sogenannten Ethik-Kommissionen wieder in den Blickpunkt ärztlichen Handelns gerückt. Diese Kommissionen sollen gemeinsam klären, ob eine bestimmte diagnostische oder therapeutische Maßnahme mit den Regeln der ärztlichen Ethik unseres Kulturkreises vereinbar ist.

Ethos heißt in seiner deutschen Übersetzung: Landschaft, Sitte. Die Frage erscheint berechtigt, ob wir in unserem Fachgebiet überhaupt einer Ethik bedürfen? Unsere mögliche Antwort könnte heißen: Wir helfen Kindern und Jugendlichen in seelischer Not! Tun wir das wirklich? Ist nicht jede Entscheidung in einem Sorgerechtsgutachten ein Beispiel gegen dieses Prinzip? Fügen wir nicht immer gleichzeitig auch Leid zu? Sollte es daher nicht vorsichtiger heißen: Wir versuchen zu helfen? Sind nicht aber Eltern auch Menschen, die einen Anspruch auf unsere Hilfe haben und ist unsere Entscheidung aus der Sicht des Kindes gleichzeitig nicht auch eine Entscheidung gegen einen Elternteil und damit gegen die ärztliche Ethik? Sollten wir vielleicht noch vorsichtiger zu formulieren versuchen, daß wir von zwei möglichen Übeln das größere zu vermeiden trachten?

In der Kinder- und Jugendpsychiatrie wird nicht eigentlich gestorben. Der Jugendpsychiater ist zumeist auch nicht Zeuge des Todeskampfes eines Kindes, auch wenn das zugehörige Krankheitsbild in seinen Fachbereich fällt. Obwohl die Mortalitätsquote fast 10% beträgt, hat kaum einer von uns ein anorektisches Kind in den letzten Lebenstagen zu versorgen gehabt. Auch Kinder mit chronischen Erkrankungen – welcher malignen Ätiologie auch immer – finden Hilfe in den Intensivstationen oder sterben in der Familie. Wohl aber werden uns Kinder und Jugendliche anvertraut, die aus den Kinderkliniken und Reanimationszentren nach einem Selbstmordversuch kommen. Es sind Kinder, die ihre Umwelt erstaunen, erschrecken, ja ratlos und verzweifelt machen. Kindheit bzw. Jugend und Tod sind zwei Archetypen, die in ihrer Gegensätzlichkeit schwer zu steigern sind. Da hat das Leben noch nicht einmal begonnen und nun soll es von eigener Hand beendet sein? Die eigene Unsicherheit ob des dürftigen Motives, das wir herausexplorieren, läßt aufleuchten, wie schwer es ist, die Innenbefindlichkeit eines suizidalen Kindes richtig abzuschätzen. Gleichwohl: Wir fühlen uns für diese Aufgabe verantwortlich und versuchen sie täglich neu. Aber da gibt es das herausfordernde Schiller-Wort aus der Braut von Messina: „Das Leben ist der Güter Höchstes nicht". Die Zahl der Verfechter dieser These ist nicht klein: Ich erinnere an den in deutscher Zunge schreibenden *Jean Améry,* der aus Wien stammte und *Hans Mayer* hieß. Er ist der lebhafteste und gedankenreichste Apologet des Freitodes gewesen, bis er selbst sich vor noch nicht zwei Jahren – anstatt den angekündigten Vortrag in Heidelberg zu halten – in einem österreichischen Hotelzimmer das Leben nahm. Sein Diskurs über den Freitod ist eine leidenschaftliche Verteidigung der quälenden Frage: „Ist der Freitod ein Privileg des Humanen?" *Jean Améry* bejaht das Problem, denn: „Wer abspringt ist nicht notwendigerweise dem Wahnsinn verfallen, ist nicht einmal unter allen Umständen gestört oder verstört. Der Hang zum Freitod ist keine Krankheit, von der man geheilt werden muß wie von den Masern . . . "

Der Selbstmord stellt also ein ethisches Problem dar, das letztendlich eine Angelegenheit der Werte und der Schlußfolgerung ist, die wir aus ihnen ziehen. Die Geschichte dessen, was verschiedene Menschen dazu gedacht und getan haben, löst noch nicht das Problem, was daran gut und richtig ist. Doch auch so können wir der Geschichte Reflektionen abgewinnen, die es uns ermöglichen, die Ethik des selbstgewählten Todes in die richtige Perspektive zu rücken: In Europa ist im großen und ganzen der Selbstmord als absurd und tragisch, als edel und gemein, als tapfer und feige, als vernünftig und schwachsinnig betrachtet worden. Die Bibel verurteilte den Selbstmord nie, wenn dies auch in später Zeit der rabbinische Talmud tat, dem sich die christliche Kirche anschloß. Erst im 6. Jahrhundert wurde die Selbsttötung verboten; der Terminus Suizid taucht erst im 17. Jahrhundert auf.

Die Griechen waren objektiver und haben eine positivere Einstellung zum Selbstmord gefunden als die Juden. Die Stoiker und die Epikuräer billigten den Selbstmord grundsätzlich, Seneka verübte ihn sogar. Plato sprach sich – ebenso wie Aristoteles – für die Euthanasie aus. Die Römer erlaubten das liber mori aus vielerlei Gründen. Sie versagten es nur Verbrechern, Soldaten und Sklaven.

Als die klassische Philosophie erst einmal begraben war, konnte die katholische Lehre des Mittelalters sich durchsetzen und einer ihrer ersten Bestandteile war ein absolutes Tabu des Selbstmordes. Dabei lag die Selbstmordfrage auf derselben Problemlinie, wie die Verhütungspraktiken, die Abtreibung, die aktive Euthanasie und heute der Eingriff in die Genstruktur. Die Generalfrage hieß und heißt: Ist ein Eingriff in biologische Naturgegebenheiten erlaubt? Hier wird an ein Tabu gerührt und die Geschichte des Tabus ist lang. Sie kennt extreme Äußerungsformen wie die theologischen Proteste gegen die Einführung der Feuerversicherung, die Gott ein Mittel nähme, den Menschen zu strafen, oder gegen die Blatternimpfung, die ein Eingriff in „göttliche Schickungen" sei.

Nach mehr als 1000 Jahren Selbstmordverbot wurden Personen, die einen erfolglosen Selbstmordversuch unternommen hatten, auf öffentlichen Galgen gehängt. Im christlichen Frankreich warf man dann die Leichen auf den Abfallhaufen, in England wurde das Eigentum von Selbstmördern konfisziert und bis zum Jahre 1961 stand dort auf den Selbstmordversuch Gefängnis.

Sokrates und Karl Jaspers, die durch 2300 Jahre voneinander getrennt sind, dachten beide, daß es der Zweck der Philosophie sei, uns auf den Tod vorzubereiten. In klassischen Zeiten war also der Suizid eine tragische Entscheidung, zur Bewahrung der menschlichen Würde. Dann war er jahrhundertelang eine Sünde. Dann wurde er zum Verbrechen. Dann zur Krankheit. Bald wird er wieder eine freie Entscheidung sein. Selbsttötung ist die Signatur von Freiheit. Diese Aussage macht *Joseph Fletcher* als Professor für Theologie.

In den letzten Jahren hat sich die ethische Streitfrage über den Eingriff des Menschen beim Tod und Sterben für alle von uns äußerst dringend in der medizinischen Versorgung und in der Behandlung der Kranken im Endstadium gestellt. Die Wiederbelebungstechnik zwingt uns heute zu der Entscheidung, wann wir Maßnahmen zur Erhaltung und Stützung des Lebens einstellen wollen. Es ist nicht mehr so, daß die Menschen heute einfach sterben. Die sogenannte negative Euthanasie, die Entscheidung, den Menschen sterben zu lassen, ohne weiter dagegen anzukämpfen, ist ein tägliches Problem in unseren Krankenhäusern.

Die sogenannte positive Euthanasie, die darin besteht, daß etwas unternommen wird, das Leben absichtlich zu verkürzen oder zu beendigen, ist eine freiwillige, unmittelbare Entscheidung für den Tod.

Aber nun zurück zu unseren gegenwärtigen kinderpsychiatrischen Problemen.

Wie haben wir uns die beunruhigende Tatsache zu erklären, daß trotz zunehmender besserer wirtschaftlicher Verhältnisse die Selbstmordziffern bei Kindern und Jugendlichen steigen? Für diese kinderpsychiatrisch herausfordernde Feststellung gibt es sicherlich nicht eine einzige, sondern eher ein Bündel von Erklärungen. Wenn auch der Suizid des Erwachsenen uns nicht gleichgültig läßt, um wieviel mehr aber sind wir gefordert, wenn Kinder und Jugendliche Selbstmord dem Leben vorziehen, ohne daß direkte materielle Not oder körperliche Gebrechen sie dazu veranlassen, wenn ihre Handlungsweise als Ausdruck überhandnehmender seelischer Not und als Anklage gegen eine Gesellschaft zu verstehen ist. Vielleicht bringt uns die Reflektion weiter, daß der Mensch ein Mängelwesen ist und auf jedwede Form von Einflüssen, die seine vitale Existenz bedrohen, mit vermehrter Kraftanstrengung antwortet. Dagegen scheint der Mensch auf Wohlleben oder gar Überfluß in einer Weise zu reagieren, die schon vor 100 Jahren anläßlich der Pariser Weltausstellung deutlich geworden ist. In dieser Stadt gab es zu diesem Zeitpunkt eine 86%ige Steigerung der Selbstmordrate. In ähnlicher Weise war schon nach dem Kriege 1870 in Deutschland eine ungewöhnliche Prosperität – begünstigt durch Bereicherung des Volksvermögens um riesige Kriegsentschädigungen – Gedeih von Handel, Wandel und Industrie, mit einem rapiden Ansteigen der Selbstmordzahlen um 90% beantwortet worden.

Wir leben heute unter Bedingungen, von denen uns Kulturkritiker warnend sagen, daß der Höhepunkt des Wohlstandes überschritten sei, die Mehrzahl der Zeitgenossen diesen Sachverhalt aber noch nicht realisiert haben. Müssen wir uns eingeschränktere Lebensbedingungen wünschen dürfen, um die Sinnhaftigkeit unseres Lebens zu verbessern? Diese Frage stellt sich, wenn wir über den Zusammenhang von steigendem Wohlstand und steigenden Selbstmordraten nachdenken.

Lassen Sie mich zunächst zum Problem der Suizidalität noch einen anderen Gesichtspunkt erwähnen und ihn auch ethisch zu beleuchten versuchen: Jeder erfahrende Kinderpsychiater weiß, daß die Zahl der suizidalen Patienten, die er in einer klinischen Station aufnehmen kann, von vielen Imponderabilien abhängig ist und ihn zu Entscheidungen zwingt, die stündlich wechseln können. Der Psychiater STENGEL hat im Zusammenhang mit dem Unsicherheitsfaktor bei der Beurteilung des Suizidrisikos gesagt, daß die meisten Menschen, die Selbstmordhandlungen begehen, nicht entweder sterben oder leben wollen, sondern daß sie beides gleichzeitig wollen, gewöhnlich das eine mehr als das andere. Von daher ist das Sprechen über das Thema Suizid – und welches Kind und welcher Jugendliche behält dieses Geheimnis auf einer kinderpsychiatrischen Station für sich – ebenso ubiquitär wie perikulös. Die Faszination des jungen Menschen mit einem Schritt, Griff, Sprung, Schluck oder wie auch immer, all der vermeintlichen Mühen, Plagen, Konflikte oder auch Stimmungen ledig zu sein, muß etwas Überwältigendes haben. Nun ist die Tendenz zur Imitation – und damit auch zum Suizid – nie wieder so groß, wie in der Kindheit und Jugendzeit. Über die Infektiösität des Suizidproblems berichtet schon *Plutarch:* Die jungen Mädchen von Milet hatten über einen längeren Zeitraum hinweg ohne ersichtlichen Grund in großer Zahl ihrem Leben durch Erhängen ein Ende bereitet. Kein Bitten, keine Strafandrohung von Eltern oder auch Verlobten halfen. Endlich wurde den Selbstmordhandlungen dadurch ein Ende gesetzt, daß der Leichnam eines jungen Mädchens, das sich erhängt hatte, durch die Stadt geschleift und an den Füßen öffentlich aufgehängt wurde und jedes Mädchen mit dieser Schande bedroht wurde, falls es Selbstmord verüben sollte. Unter dem Aspekt dieser alten psychiatrischen Erfahrung der Infektiösität suizidalen Handelns war das Deutsche Fernsehen sicherlich nicht gut beraten, als es in einer mehrteiligen Abendserie den „Tod eines Schülers" präsentierte und der Stern das entsprechende Buch dazu auf den Markt brachte.

Wer von uns hat sich ethisch aufgerufen gefühlt, indem er spätestens nach der Serie einen Brief an den Fernsehrat schrieb und auf diesen psychohygienischen Aspekt aufmerksam machte? Im süddeutschen Raum sind jedenfalls Anschlußhandlungen erfolgt und die Anteilnahme Jugendlicher kann leicht an der Gesprächsintensität abgelesen werden, die seit dieser Serie bei jungen Menschen beobachtet werden konnte. Die Infektösität suizidalen Handelns erstreckt sich von den Mädchen von Milet über die Menschen, die sich nach dem Erscheinen des Werther suizidierten, bis hin zu dem jungen Mädchen, das erstmals in den Krater des Fudjijama, des heiligen japanischen Berges sprang, und damit zur Imitation anregte, aber sie erfaßt auch die Formen des Suizides: Seitdem *Jan Pallach* sich mit einem Fanal zum Martyrer machte, hat diese bis dahin in unserem Kulturkreis fremde Form der Selbsttötung vielfältige Nachahmer gefunden.

Nicht nur die Suizide, sondern auch die Suizidversuche haben sprunghaft zugenommen. Eine sichere Abschätzung der Dunkelziffer, die das Verhältnis zwischen Suizid und Suizidversuch enthält, ist auch unter Experten strittig: Es werden Zahlen zwischen 6- und 12facher Häufigkeit genannt. Aber nicht nur die Zahl der Suizidversuche hat zugenommen; zugenommen hat auch die Bereitschaft von Kindern und Jugendlichen, über wirkliche oder vermeintliche Suizidabsichten vergleichsweise offen zu sprechen. Mit dieser Form des Verbal-Suizids ist in die jugendpsychiatrische Sprechstunde und Klinik eine neue Dimension eingezogen. Junge Menschen beginnen zu spüren, welche Wirkung mit einem Nebensatz erzielt werden kann, der dem Gesprächspartner, fast beiläufig, signalisiert, daß man mit dem Gedanken umgehe, sich das Leben zu nehmen. Bei der Erhebung unserer Anamnesen berichten Eltern immer häufiger über derartige Verhaltensweisen ihrer Kinder und Jugendlichen. Damit wächst die allgemeine Unsicherheit und Ratlosigkeit, aber auch unsere eigene als Kinderpsychiater, denn mit der Aussage: „Dann nehme ich mir eben das Leben", endet jedwede Möglichkeit einer erzieherischen Führung oder einer sonstigen sinnvollen pädagogischen Einwirkung. Es gilt zu entscheiden, ob ich hier eine appellative Situation erlebe, eine Botschaft empfange oder ob ich vor einer Erpressung stehe. Diese unsere eigene Unsicherheit dringt an die Öffentlichkeit und die Kinder und Jugendlichen haben offensichtlich bereits gelernt ihre Umwelt – auch in der psychiatrischen Sprechstunde – mit solchen Äußerungen unter Druck zu setzen.

Für einen wirklich suizidalen kindlichen oder jugendlichen Patienten kann die Antwort nur eine Unterbringung in einer Klinik sein, in der er so wenig wie möglich gefährdet ist. Mit der Aufnahme wird gleichzeitig deutlich, daß andere, weniger einschneidende Maßnahmen von uns nicht mehr für ausreichend angesehen werden. Damit hat das custodiale Element gegenüber rehabilitativen Maßnahmen obsiegt. Gleichzeitig beginnt damit aber auch ein Kampf nach zwei Seiten: gegen den Patienten selbst, der selten die Notwendigkeit einer derartigen Maßnahme einsieht, wie auch gegen eine psychiatriefeindliche Öffentlichkeit, die die zwangsweise Unterbringung beklagt, uns gleichzeitig aber nicht schonen wird, wenn Maßnahmen unterbleiben und der Patient erfolgreich seinem Leben ein Ende setzt. Die

Formel, daß ein Leben ohne Risiko nicht möglich sei, spricht sich leichter aus, als sich als Arzt damit leben läßt. Man muß eine Anklage wegen fahrlässiger Tötung, die auf den eigenen Namen lautet, in der Hand gehabt haben, um das Gewicht dieser Aussage zu ermessen. Auch Kinderpsychiater treffen falsche Entscheidungen, beurteilen Situationen zu günstig oder ungünstig und leiden darunter. Ist aber ethisch derjenige auch der beste Jugendpsychiater, dem nie etwas passiert?

Der Kinderpsychiater tut sich mit der Entscheidung gleichermaßen schwer gegen den Patienten selbst und auch seine Bezugspersonen, wenn die Eltern darauf drängen ihnen das Kind mit nach Hause zu geben. Er ist juristisch gerechtfertigt, wenn er die Entlassung gegen Unterschrift auf einem Revers entscheidet. Ist er es auch ethisch?

Aus der Zeit in der ernstlich daran gedacht wurde, daß eine Gruppe durch Mehrheitsbeschluß derartige Entscheidungen tragen könne, sind wir ja wohl heraus. Man kann und soll sich zu Konsilien zusammensetzen und auch multiprofessionellen Gruppen Raum geben. Die letzte Entscheidung wird uns aber niemand abnehmen können.

Dabei ist die Zahl unserer Kliniken, die über die Möglichkeit verfügen, auch Kindern und Jugendlichen auf geschlossenen Stationen oder Räumen wegen einer akuten Suizidalität Hilfe zu gewähren, vergleichsweise gering. In der Mehrzahl der Fälle bedeutet die akute Gefährdung gleichzeitig auch die Übernahme durch die Erwachsenen-Psychiatrie mit allen sich daraus ergebenden Konsequenzen. Der Jugendpsychiater tut sich mit dieser Entscheidung gleichermaßen schwer gegenüber dem Patienten selbst wie auch gegenüber dessen Eltern. Wie aber, wenn sich der Suizid im klinischen Bereich in einem offenen kinderpsychiatrischen Haus ereignet? Ein 15jähriger springt aus dem 3. Stock unserer kinderpsychiatrischen Klinik und ist auf der Stelle tot. Er hatte mehr als 12 Suizidversuche hinter sich, darunter einen Sprung in einen Hochspannungsmast, den er mit schwersten Verbrennungen und einer partiellen Kastration bezahlte. Der Jugendliche war mehrfach in unserer offenen Klinik gewesen, wir hatten ihn aber auch mehrfach in geschlossene Abteilungen eingewiesen, zuletzt jedoch wieder auf unserer offenen Station aufgenommen. Auch wenn die Eltern uns keinen Vorwurf gemacht haben, dann bleibt doch die ethische Frage vor uns selbst, ob hier nicht eine Fehlentscheidung getroffen wurde.

Und hier noch ein anderer kritischer Aspekt:

Seit ca. 5 Jahren werden wir regelmäßig mit klinischen Berichten über die Entwicklung einer Jugendlichen orientiert, die wir als 15Jährige mit einer schweren hysteringen Gangstörung und suizidalen Impulsen kennenlernten. Sie ist inzwischen in 5 weiteren Kliniken gewesen und hat mehr als 30 schwere Suizidversuche unternommen. Sie befindet sich seit 6 Monaten auf einer geschlossenen Intensivstation einer psychiatrischen Klinik. Die Todessüchtigkeit dieses 19jährigen Mädchens beeindruckt auf eine Weise, die die Frage – horribili dictu – denkbar erscheinen läßt: Woher nehme ich mir das Recht diesen Tod zu verhindern? Ecce homo: Welch ein Mensch! Welch ein Leben!

Wir wissen als Jugendpsychiater um die Not junger Menschen, ihrem Dasein einen Sinn abzugewinnen. Die vielfältigen Beschreibungen des Ekels vor der Welt und der Sinnlosigkeit gehören in unsere Anamnesen. Ist nicht die eingangs zitierte Leserzuschrift ein beredtes Beispiel für eine nicht kleine Gruppe unserer Jugend?

Nun gehört es aber zu den Schwächen der Kirchen, daß ihre Kulte unsicher geworden sind. Schlimmer: Auch ihre Verkündigung scheint teilweise auf der Strecke geblieben zu sein. Im Religionsunterricht, und da machen beide Kirchen kaum einen Unterschied, stehen die Sahel-Zone, der § 218 und die Homosexualität als Themen seit Jahren unverändert im Mittelpunkt religionspädagogischer Aufklärung. Wie können unsere Kinder und Jugendlichen in ein christliches Kulturerbe hineinwachsen, wenn nicht einmal die Kirchen ihnen helfen?

Dabei ist die Bereitschaft, sich über den Traum, die Meditation, ja den Rausch der eigenen Identität zu entledigen nie größer gewesen. Da wird die Erlösung durch alternative Lebensformen in einer Weise praktiziert, die schon an religiöse Missionierung denken läßt und an überwertige Ideen heranreicht. Neu gegründete sogenannte Jugendreligionen, besonders mit hinduistisch-indischem Hintergrund, finden unerwarteten Zulauf. Selbst Kinder werden in dieses Netz der destruktiven Kulte mit eingefangen, wie wir es bei der Eckankar-Sekte, die die Seelenreise verheißt, in Heidelberg und Speyer beobachten konnten.

Auch in der Kunst wird das Jenseitige angesprochen: Erinnern Sie sich an Abraxas von Egk in den 50er Jahren und das erfolgreichste Musical der 60er Jahre: Hair! Es handelt sich hier um ein Einweihungsspiel zur Eröffnung des „Satanischen Zeitalters". Nicht einmal Theologen haben damals an dieser Formulierung Anstoß genommen. Später hat der „Exorzist" volle Kinokassen, und es mußte erst eine Jugendliche mit einer schweren Epilepsie und anorektischen Zuständen mit religiös-paranoischen Zügen im Exorzismus sterben, bis ein Buch in diesen Tagen auf dem Markt erschien, das einen anderen Titel paraphrasiert: „Die Sache mit dem Teufel". Gehört es nicht auch zu unserer Ethik, daß wir uns als Psychiater Gedanken über den Jenseits-Glauben unserer Kinder und Jugendlichen machen? Wie häufig wird in den nächsten Tagen bei den zahlreichen Vorträgen über kindliche und jugendliche Suizidversuche und Suizide diese Frage angesprochen werden? Was vermag der Kinderpsychiater zu tun?

Wir müssen eine primäre Suizidprophylaxe betreiben, indem wir gegen den Selbstmord erziehen. In der sekundären Selbstmordverhütung müssen wir bemüht sein, auf selbstmordgefährdete junge Menschen rechtzeitig aufmerksam zu machen. In der dritten Form gilt unsere Aufmerksamkeit denjenigen, die einen Suizidversuch durchführen oder durchführen wollen. In diesem Sinne gibt es wie *Ringel* sagt, keinen harmlosen Suizidversuch. Lassen Sie mich mit einem tröstlichen, wenn auch nachdenklichen *Pestalozzi*-Wort schließen:

„Die Kunst, Mensch zu werden und Mensch zu bleiben, die Kunst, den Menschen menschlich zu machen, so gut als diejenige, ihn menschlich zu halten, diese Kunst ist gottlob nicht zu erfinden. Ihre Grundsätze liegen unauslöschlich und unerschütterlich in der Menschennatur selbst".

Literatur

Améry, J.: Hand an sich legen – Diskurs über den Freitod. Klett, Stuttgart 1976.
Eser, M.: Suizid und Euthanasie, Enke, Stuttgart 1976.
Hahn, G.: Vom Sinn des Todes. Texte aus drei Jahrtausenden Swedenborg, Zürich 1975
Heuer, G.: Selbstmord bei Kindern und Jugendlichen. Klett-Cotta, Stuttgart 1979
Reiner, A.: Ich sehe keinen Ausweg mehr. Kaiser-Grünewald, München-Mainz 1974
Ringel, E. (Hrsg.): Selbstmordverhütung. Huber, Bern-Stuttgart-Wien 1969
Wellhöfer, R.: Selbstmord und Selbstmordversuch. Gustav Fischer, Stuttgart 1981

Suizidhandlungen im Kindes- und Jugendalter. Therapie und Prävention*

Helmut Remschmidt

Zusammenfassung

Die steigenden Suizidversuche von Kindern und Jugendlichen erfordern präventive Maßnahmen. Als *Ursachen* suizidaler Handlungen werden vielfältige Mechanismen wie suggestive Wirkungen, Identifikation oder eine genetische Disposition angenommen. Das häufige Einhergehen von Suizidhandlungen mit psychiatrischen Erkrankungen läßt eine kinder- und jugendpsychiatrische Untersuchung von suizidgefährdeten Kindern und Jugendlichen für notwendig erscheinen.

Als ***suizidauslösende Faktoren*** wurden in einer Untersuchung von 157 jugendlichen Patienten der Marburger Klinik 32,6% familiäre Konflikte angegeben, 16% Partnerschaftskonflikte, 18% Schulprobleme. 22% hatten wiederholt einen Suizidversuch unternommen.

Die Maßnahmen nach erfolgtem Suizidversuch sollten sowohl den Patienten als auch seine Familie betreffen. Die Akutphase nach einem Suizidversuch ist eine emotional sehr empfängliche Situation; gleich nach Abklingen der akuten Lebensgefahr erleichtert die Anwesenheit des Kinder- und Jugendpsychiaters die Diagnostik über Ursachen und Dynamik des Suizidgeschehens und damit die therapeutischen Bemühungen.

Für die weitere Behandlung als bedeutsam genannt wird die Vertrauensbeziehung zwischen Patient und Therapeut, die Erarbeitung von Bewältigungsmechanismen, evtl. in einer Gruppentherapie, die Modifikation der familiären Bedingungen, die Vorbereitung der Familie, bzw. der gewohnten Umgebung auf die Rückkehr des Patienten.

Über die Leistungen institutioneller Einrichtungen zur Suizidprophylaxe wird berichtet.

1. Einleitung

„Wenn die Dinge so einfach sind, wie man sie uns darstellt, daß nämlich unglückliche Kindheit, Liebesentzug und Fehlentwicklung eine Einengung der Vitalsphäre bedeuten, dann müßten sich eigentlich unendlich viel mehr Menschen umbringen. Denn *diese* Verhältnisse gelten für eine unendlich große Anzahl von Leuten, die nicht zur Tat schreiten". Diese Diskussionsbemerkung von *Jean Améry*, der mit seinem Buch „Hand an sich legen – Diskurs über den Freitod" die Suizidverhütung in Frage gestellt hatte und selbst den Freitod wählte, vermittelt einen ersten Eindruck von der Komplexität der Thematik. Vielfältig und zahlreich sind die Publikationen über Suizide und Suizidversuche, zahlreich auch die Bemühungen um die Suizidprophylaxe, dennoch bleibt die traurige Bilanz, daß wir in der Bundesrepublik Deutschland jährlich 14000 Suizide zu beklagen haben, das sind rund 22 auf 100 000 Einwohner, eine Zahl die in etwa derjenigen der Verkehrstoten entspricht.

* Frau Prof. Dr. med. *Annemarie Duhrssen* zum 65. Geburtstag gewidmet

Die Bundesrepublik ist ein Land mit relativ hoher Suizidrate, eine ihrer Städte, Berlin, hat die höchste Suizidrate der Welt. Suizide von Kindern (d.h. bis zum 14. Lebensjahr) sind aufs Ganze gesehen relativ selten. Immerhin nehmen sich laut Angaben des Statistischen Jahrbuches jährlich über 100 Kinder das Leben, wobei das Verhältnis von Jungen zu Mädchen etwa 5:1 beträgt. Im Alter von 15 bis 25 Jahren erfährt die Suizidquote einen erheblichen Anstieg. In dieser Altersgruppe finden wir jährlich rund 1500 Suizide. Es folgt ein weiterer Gipfel jenseits des 60. Lebensjahres. Man kann davon ausgehen, daß die Zahl der Suizidversuche fünf- bis zehnmal so hoch ist wie die Zahl der gelungenen Suizide. Bezogen auf die Altersstufen der 5- bis 25jährigen bedeutet dies, daß wir in unserem Lande rund 10- bis 15000 Suizidversuche im Kindesalter und in der Adoleszenz aufzuweisen haben. Dies ist sicher alarmierend, wenngleich nicht neu:

„Der Selbstmord als Massenerscheinung und als internationale Erscheinung verlangt vom Standpunkt des Menschheitswohles aus, seine Ursachen, seine Differenzierungsmomente nach den Grundsätzen der Wissenschaft zu erforschen und die Bekämpfung dieser internationalen Selbstmordneigung mit geeigneten Mitteln anzustreben. So gut man der Tuberkulose, der Syphilis, der Krebskrankheit mit Erfolg den Kampf angesagt hat, so muß sich heute die Menschheit darauf besinnen, diese krankhafte Erscheinung am Körper der kultivierten Menschheit einer Diagnose, einer Prophylaxe und einer durchgreifenden Heilmethode zu unterwerfen. Es unterliegt nicht dem ***geringsten*** Zweifel, daß die Selbstmordneigung ***herabgesetzt*** werden kann".

Diese Äußerung von *Hans Rost* aus dem Jahre 1932 in dem von ihm gegründeten Archiv für Erforschung und Bekämpfung des Selbstmordes ist heute so aktuell wie vor 50 Jahren.

Während über vollendete Suizide einigermaßen verläßliche Angaben existieren, stößt die Ermittlung der Anzahl der Suizidversuche bei Kindern und Jugendlichen auf große Schwierigkeiten. Das Statistische Bundesamt in Wiesbaden verfügt über eine Aufstellung der Suizide für das Bundesgebiet. Unterlagen über Suizidversuche wurden bis 1965 beim Bundeskriminalamt nachgewiesen. Seit 1966 ist dies aber nicht mehr der Fall. Wenn man den 10-Jahres-Zeitraum von 1968 bis 1978 betrachtet, so ergibt sich ein leichter Anstieg der Suizidfrequenz vor allem bei männlichen Jugendlichen. Von einer alarmierenden Zunahme jugendlicher Suizide kann allerdings nicht die Rede sein. Anders sieht es bei den Suizidversuchen von Kindern und Jugendlichen aus. Hier ist eine deutliche Zunahme seit 1953 zu verzeichnen, wobei nur punktuelle Angaben vorliegen und sicherlich ein hohes Dunkelfeld besteht. So stieg die Frequenz der Suizidversuche bei Kindern und Jugendlichen bis zum 18. Lebensjahr in Hamburg seit 1953 um das Fünffache, in Schleswig-Holstein seit 1956 um das Dreifache. Im Gegensatz zu Suiziden werden Suizidversuche häufiger von Mädchen vorgenommen. In den USA und vielen anderen zivilisierten Ländern stehen Suizide unter den Todesursachen bei Jugendlichen mittlerweile nach den Unfällen an zweiter bis dritter Stelle. Diese wenigen Angaben mögen genügen, um die bedrückende Aktualität des Themas zu unterstreichen.

2. Ursachen suizidaler Handlungen

Wer Therapie und Prävention betreiben will, muß nach den Ursachen suizidaler Handlungen fragen. Was ist hierzu bekannt?

Zunächst gibt es ein gehäuftes *familiäres* Vorkommen von Suizidhandlungen. Zu seiner Erklärung werden folgende Mechanismen angenommen:

(1) Eine suggestive Wirkung (*Beichl,* 1965; *Ringel*, 1952),
(2) ein Identifikationsmechanismus (*Milcinski,* 1971) oder dessen Fehlen (*Dührssen,* 1967) und
(3) eine genetische Disposition zu einer mit Suizidhandlungen gehäuft einhergehenden psychiatrischen Erkrankung (z.B. einer endogenen Depression oder einer schizophrenen Psychose).

Zahlreich sind die Untersuchungen, die Suizidhandlungen mit broken-home-Faktoren in Verbindung bringen. Die Angaben solcher Faktoren in der Vorgeschichte jugendlicher Suizidanten schwankt je nach Stichprobe zwischen 11 und 70%. Ein hohes Risiko für suizidale Handlungen stellen psychische Störungen und Erkrankungen dar. Je nach Ausgangspopulation existieren hier unterschiedliche Werte. In einem kinder- und jugendpsychiatrischen Krankengut dominieren zwangsläufig die seelischen Erkrankungen, während sie bei einer unausgelesenen Schülerpopulation selten sind (*Lungershausen,* 1966). Obwohl also kein Zweifel darüber besteht, daß eine kinder- und jugendpsychiatrische Population eine wesentlich höhere Quote an Suizidversuchen aufweist (unser Mitarbeiter *Vilmar* (1975) fand bei der Untersuchung von 102 Kindern und Jugendlichen mit endogenen Psychosen einen Prozentsatz von 38), so ist die Aufdeckung dieser Störungen natürlich nur durch eine ausführliche psychiatrische Untersuchung zu erreichen. Es ist sehr wahrscheinlich, daß für die stark divergierenden Zahlenangaben zum Zusammenhang zwischen Suizidhandlungen und psychiatrischen Erkrankungen bei Jugendlichen eine unzureichende psychiatrische Untersuchung mancher Stichproben verantwortlich ist. Dies hat *Otto* in verschiedenen Untersuchungen (*Bergstrand* und *Otto,* 1962; *Otto,* 1966) dargelegt. Nach diesen Ergebnissen muß der Schluß gezogen werden, daß alle Kinder und Jugendlichen, die suizidgefährdet sind oder einen Suizidversuch durchgeführt haben, kinder- und jugendpsychiatrisch untersucht werden sollten. Allgemeine wirtschaftliche Faktoren spielen im Kindes- und Jugendalter eine zu geringe Rolle, als daß sie zur Erklärung suizidaler Handlungen herangezogen werden könnten. Es gibt jedoch, gerade in der Phase der Adoleszenz, spezifischere Faktoren, die Suizidhandlungen begünstigen können. Die unmittelbare Konfrontation mit der Gesellschaft, mit Normen, Anforderungen, Erwartungen, Gesetzen und Institutionen beginnt für den Jugendlichen, wenn es darum geht, seine Freizeit zu verbringen, eine Ausbildung zu durchlaufen oder aber wenn er mit bestimmten Gesetzen (sowohl im strafrechtlichen wie auch im moralischen Sinne) in Konflikt gerät. In diesen Fällen können soziale Faktoren sehr wohl entscheidenden Einfluß auf die Suizidhandlung nehmen, wie dies anhand der Freizeitprobleme Jugendlicher von *Leder* (1967), anhand der Schulprobleme und Studienschwierigkeiten von *Otto* (1965) und *Lungershausen* (1966) beschrieben wurde. Bei Mädchen spielt auch das Problem der nichtehelichen Schwangerschaft eine große Rolle (*Achte,* 1971; *Otto* 1965).

Eine eigene Untersuchung zum Thema (*Remschmidt* und *Schwab,* 1978) an 157 Patienten, die im Zeitraum von 1963 bis 1973 wegen eines Suizidversuches stationär oder ambulant in der Marburger Klinik behandelt worden waren, erbrachte folgende Ergebnisse: Suizidversuche wurden mit zunehmendem Alter häufiger verübt, nur zwei der Patienten waren jünger als 10 Jahre. Das Verhältnis von Mädchen zu Jungen betrug 2:1. Eine broken-home-Situation lag bei einem Drittel der Patienten vor. Soziale Auffälligkeiten waren bei diesen Probanden signifikant häufiger als bei denjenigen, die aus einer intakten Familie stammten. Kinder und Jugendliche aus den unteren sozialen Schichten waren im Vergleich zur Bevölkerung der Bundesrepublik und des Landes Hessen überrepräsentiert. Eine endogene Psychose lag nur bei 3,8% der Patienten vor, hingegen verübten 38% der Kinder und Jugendlichen, die wegen einer Psychose aufgenommen werden, Suizidversuche. Die drei wichtigsten *suizidauslösenden* Faktoren waren *familiäre* Konflikte (32,6%), Partnerschaftskonflikte bei Jugendlichen (16%) und Schulprobleme (18%). Schulprobleme waren bei 17% der Probanden zu finden. Jeder dritte Patient mit gravierenden Schulproblemen unternahm einen Suizidversuch aus diesem Grund. Die gebräuchlichste Suizidmethode war die Einnahme von Schlafmitteln. Die Jungen benutzten häufig härtere Methoden. Dementsprechend waren bei ihnen signifikant häufiger lebensbedrohliche Zustände zu finden als bei Mädchen. 22% der Patienten hatten wiederholt einen Suizidversuch begangen. Kinder im Alter von 10 bis 13 Jahren sprachen Suiziddrohungen häufiger aus als Jugendliche der Altersgruppe von 14 bis 18 Jahren. Automutilationen in der Anamnese von Suizidanten waren extrem selten. Bei 37% der Patienten (hauptsächlich Jugendlichen) lag eine ausgesprochene depressive Verstimmung vor.

Bezüglich suizidalen Verhaltens ist ferner bekannt, daß Suizide in Großstädten häufiger sind als auf dem Lande, in den Innenbezirken der Städte häufiger als in den Randbezirken, daß Häufungen in bestimmten Stadtvierteln, die durch ein hohes Maß an *Mobilität* der Bevölkerung und *sozialer* Desorganisation gekennzeichnet sind vorkommen, daß Streß- und Belastungsfaktoren eine wichtige Rolle spielen, daß diese aber weniger *direkt* auf die Kinder einwirken als *indirekt* über die Familie (*Rutter* und *Madge* 1976).

3. Zur Dynamik suizidaler Handlungen im Kindes- und Jugendalter

Grundsätzlich muß zwischen der suizidalen Handlung im *Kindes*- und *Jugend*alter unterschieden werden. Kinder unter 10 Jahren sind sich in der Regel der Endgültigkeit des Todes nicht bewußt. Suizidale Handlungen können hier augenblicklichen Impulsen entsprechen und sind selten geplant. Rund 10% aller suizidaler Handlungen Minderjähriger entfallen auf Kinder, die jünger sind als 12 Jahre (*Marcelli* 1978). Suizid*phantasien* sind aber auch in diesem Alter gar nicht selten. Suizidale Handlungen bei jüngeren Kindern lassen sich vielfach auffassen als Flucht vor unangenehmen Situationen, als Selbstbestrafungstendenz oder auch als eine Umkehr aggressiver Impulse, die primär anderen Personen gilt (*Marcelli* 1978).

Bei *Jugendlichen* stehen neben psychiatrischen Erkrankungen Identitätsprobleme und phasenspezifische Konflikte im Vordergrund. Suizidgedanken und Suizidphantasien sind in der Adoleszenz *überaus* häufig, rund die Hälfte aller Jugendlichen berichtet über solche. Selbstwertkonflikte, Isolation, Kontaktstörungen, Unzufriedenheit mit der körperlichen Gestalt (Thersiteskomplex), Enttäuschungen in den Beziehungen zum anderen Geschlecht, depressive Verstimmungen, sind in der Adoleszenz häufige suizidverursachende oder auslösende Faktoren. Dabei ist wichtig zu wissen, daß vielfach *situative* Einflüsse eine Rolle spielen, die nach 1 bis 2 Jahren nicht mehr aktuell sind. Insofern kommt dem Arzt gerade in der Adoleszenz vielfach die Rolle eines Begleiters zu, der dem Jugendlichen über eine kritische Phase seiner Entwicklung hinweg hilft.

Von eigener Dynamik und oft sehr problematischen Folgen sind suizidale Handlungen in der *Klinik* insbesondere dann, wenn der Suizid gelingt. Nicht immer läßt sich dies vermeiden, jedoch gibt es hier einige Regeln, die auch heute angesichts vielfältiger Liberalisierungsbewegungen eingehalten werden müssen: Suizidale Kinder und Jugendliche müssen sorgfältig betreut und beobachtet werden, sie dürfen in der Phase der akuten Suizidgefährdung keinen Alleinausgang haben, die Beurteilung der Suizidgefährdung darf nicht Unerfahrenen anvertraut werden oder gar einem Team, in dem die persönliche Verantwortung verdünnt ist, das Personal muß im Umgang mit suizidalen Kindern und Jugendlichen geschult sein und muß mit der Suizidproblematik weitgehend angstfrei und verantwortungsvoll umgehen können. Es muß auch in der Lage sein, die Spannung zwischen rechtlicher Verpflichtung nach *Sicherheit* und therapeutisch erwünschter *Verantwortlichkeit* des Patienten auszuhalten. Behandlungsphasen und -situationen mit gesteigerter Suizidanfälligkeit (z.B. Gefährdungsphasen im Rahmen einer antidepressiven Behandlung oder auch einer Psychotherapie) müssen bekannt sein und in die Suizidprophylaxe einbezogen werden.

4. Therapie und Prävention

Angesichts der vielfältigen therapeutischen und prophylaktischen Bemühungen und der geringen Erfolge könnte man pessimistisch werden. Wir sind aber täglich zum Handeln aufgerufen und sicherlich alle der Überzeugung, daß der vorhin zitierte Satz von *Hans Rost* zutreffend ist: „Es unterliegt nicht dem geringsten Zweifel, daß die Selbstmordneigung herabgesetzt werden kann". Was Behandlungs- und Präventionsmaßnahmen betrifft, so sind die Vorschläge hierzu sehr zahlreich, die Versuche, ihre Effizienz zu prüfen, gering. Es soll zunächst auf einige Therapiemaßnahmen und dann auf präventive Möglichkeiten eingegangen werden.

4.1 Akutphase und Krisenintervention

Die Akutphase nach einem Suizidversuch spielt sich in der Regel in Kinderkliniken, medizinischen Kliniken oder allgemeinen Krankenhäusern ab. Der Kinder- und Jugendpsychiater wird in der Regel erst später hinzugezogen. Zunächst dominiert notwendigerweise die somatische Behandlung. Es wäre aber von größter Bedeutung, bereits *unmittelbar* nach der Akutphase die kinder- und jugendpsychiatrische bzw. psychotherapeutische Behandlung zu beginnen. Erfahrungen an verschiedenen Stellen haben gezeigt, daß sowohl das Kind bzw. der Jugendliche als auch seine Familie unmittelbar nach der „Rückkehr ins Leben" in einer emotional sehr empfänglichen Situation ist, die zunächst eine klare Diagnostik über die Ursachen und die Dynamik des Suizidgeschehens ermöglicht und auch Gelegenheit gibt, erste Maßnahmen mit dem Kind und seiner Familie einzuleiten. Insofern sollte der Kinder- und Jugendpsychiater im Idealfall auch auf Intensivstationen und unmittelbar nach Behebung der akuten Lebensgefahr anwesend sein. Ein derartiges Vorgehen läßt sich am besten im Rahmen von interdisziplinären Kriseninterventionszentren, die von der Deutschen Gesellschaft für Selbstmordverhütung seit langem gefordert werden, realisieren. An einigen Orten existieren sie bereits, selten jedoch für das Kindes- und Jugendalter.

4.2 Individuelle Maßnahmen

Wichtiger Schwerpunkt jeder Therapie ist die individuelle Behandlungsmaßnahme. Sie setzt immer eine differenzierte Diagnostik voraus, denn je nach Ursachen und Kontext, in dem der Suizidversuch stattfindet, ist auch der Schwerpunkt der Behandlung unterschiedlich. Es ist hier nicht möglich, die individuelle Therapie bezogen auf verschiedene Ursachenbündel zu besprechen. Wir können nur bei allgemeinen Prinzipien bleiben. Wie bei jeder Form der Psychotherapie ist das Aufbauen einer Vertrauensbeziehung zwischen Patienten und dem Therapeuten die wichtigste Aufgabe. Sie ist vielleicht beim Suizidgefährdeten wichtiger als bei anderen Patientengruppen, weil die Folgen schwerwiegender sein können. Eine gute *Vertrauensbeziehung* ist das beste Instrument der Suizidprophylaxe. Wir haben sie häufig eingesetzt, um Suizidgefährdungen abzufangen, indem wir mit Patienten fest und eindringlich vereinbart hatten, daß sie bei Auftreten von Suizidimpulsen sich unmittelbar ans Telefon begeben und anrufen. Wenn ein solcher Anruf überhaupt erfolgt, so ist die Situation vielfach schon behoben. Die *imperative* Aufforderung an den Patienten, unmittelbar zum Gespräch zu kommen ist der nächste Schritt, und das Gespräch beseitigt vielfach die unmittelbare Gefahr.

Die Individualtherapie selbst muß im Jugendalter auf die ganz spezifische Konfliktlage des Jugendlichen bezug nehmen, wobei wir nach *Moss* und *Hamilton* (1957) drei Phasen unterscheiden können:

1) Die akute Phase
In der akuten Phase kommt es darauf an, dem Kind oder Jugendlichen Sicherheit vor seinen selbstdestruktiven Impulsen zu verschaffen. Vielfach ist hierzu der sichere Rahmen einer entsprechenden Station erforderlich. Im Laufe der Behandlung gilt es mit dem Patienten *Bewältigungsmechanismen* zu erarbeiten, oft gemeinsam mit anderen Jugendlichen. Man muß sich dabei vor Augen halten, daß der suizidale Jugendliche seinen autodestruktiven Impulsen durchaus ambivalent gegenübersteht, und daß diese Ambivalenz längere Zeit bestehen kann. In dieser Akutphase spielen neben der Psychotherapie auch andere Behandlungsmaßnahmen wie eine medikamentöse Behandlung, Beschäftigungstherapie und kreative Aktivitäten eine große Rolle. Sie haben alle das Ziel Vereinsamung und Vereinzelung *ab*zubauen und eine therapeutische Beziehung aufzubauen.

2) Phase der Konvaleszenz
In dieser Phase, die sich in der Regel in der Klinik abspielt, hat sich der Patient an die Bedingungen der Klinik angepaßt, er zeigt in der Regel auch eine adäquate Affektlage und ist bemüht, zu einer Klärung seiner selbstdestruktiven Impulse beizutragen. Im günstigen Falle hat sich eine gute Beziehung zum Therapeuten hergestellt, eine gewisse Sicherheit und Angstreduktion ist eingetreten. Gleichwohl ist die Gefahrensituation keineswegs behoben. Suizidgedanken, Suizidphantasien und -impulse liegen oft noch gleichsam unterschwellig bereit und können leicht aktiviert werden. Die Beziehung zum Therapeuten, auf den ersten Blick zunächst tragfähig, ist vielfach noch fragil und auslenkbar. Der Wunsch nach Entlassung taucht auf und die Phase der Konvaleszenz endet in der Regel mit dem Zeitpunkt der Entlassung aus der stationären Behandlung.

3) Die Phase der Rückbildung
Mit der Entlassung aus der Klinik wird in der Regel eine engmaschige ambulante Nachbetreuung erforderlich. Denn häufig erfolgt unmittelbar nach der Entlassung

eine Reaktivierung der suizidalen Impulse. Dies gilt sowohl für Erwachsene als auch für Jugendliche, weniger für Kinder. Diese Reaktivierung, die nicht zu einem erneuten Suizidversuch führen muß, äußert sich in aller Regel in Form von Suizidgedanken und Suizidphantasien bis zur konkreten Durchführungsphantasie. Derartige Anzeichen sind nach *Moss* und *Hamilton* (1957) bei rund 80% aller Fälle zu beobachten.

Bei Kindern und Jugendlichen ist entscheidend, daß das häusliche Milieu bzw. die gewohnte Umgebung auf die Rückkehr des Patienten hinreichend vorbereitet ist. Dazu gehört folgendes: Veränderungen der suizidauslösenden Bedingungen, sofern diese im Milieu vorhanden waren, verständnisvolle Begegnung mit dem Suizidanten, Vermeidung einer moralisierenden Betrachtung, Abstandnehmen von Schuldvorwürfen oder persönlichem Gekränktsein, Überwindung der vor Verübung der Suizidhandlung meist bestandenen persönlichen Isolierung des Jugendlichen und begleitende Einbeziehung der Umgebung, parallel zur Einzeltherapie des Kindes oder des Jugendlichen.

Die neben der individuellen Psychotherapie durchzuführenden Maßnahmen richten sich nach der zugrundeliegenden Störung (z.B. medikamentöse Therapie bei einer Schizophrenie oder einer endogenen Depression). Sie sollten aber auch stets das berufliche, schulische und familiäre Umfeld des Patienten umfassen.

4.3 Familienbezogene Maßnahmen

Unter familienbezogenen Maßnahmen verstehen wir solche, die den Schwerpunkt der Intervention auf eine Modifikation der familiären Bedingungen legen. Im Kindes- und Jugendalter steht dieser Aspekt naturgemäß im Vordergrund und zwar sowohl aus rechtlichen Gründen (das Sorgerecht liegt ja bei den Eltern) als auch aus Gründen der Maßnahmeeffizienz. Auch was die Familie betrifft, so sind nach einem Suizidversuch zumindest folgende drei Phasen unterscheidbar:

1) Die *Akutphase,* in der es darauf ankommt, in einer Zeit maximaler Betroffenheit das Familiengefüge und etwaige pathologische Bedingungen diagnostisch zu klären und einen gangbaren Weg in der gemeinsamen Therapie zu finden. Dies sollte, wie erwähnt, schon zu einem Zeitpunkt erfolgen, zu dem ein lebensbedrohlicher Zustand noch besteht oder gerade behoben ist.

2) Familiebezogene Maßnahmen während des *stationären* Aufenthaltes des Kindes. In dieser Phase wird die Art der Einbeziehung der Familie endgültig festgelegt (z.B. im Sinne einer begleitenden Beratung, einer kurzfristigen fokalen Familientherapie oder einer längerfristigen Behandlung). Zugleich werden in dieser Phase alle Maßnahmen festgelegt, die in der Zeit nach der Entlassung erfolgen sollen. Wesentlich ist dabei der lückenlose Übergang in die ambulante Nachbetreuung und die Vorsorge für eine Reintegration des Patienten in seine gewohnte Umgebung. Viele Rezidive haben ihre Ursache darin, daß dieser Übergang nicht adäquat bewältigt wird.

3) Familienbezogene Maßnahmen während der *ambulanten* Nachbetreuung. Nach der Entlassung läßt die Motivation zur Zusammenarbeit in den Familien oft nach. Dies geschieht besonders dann, wenn das Kind oder der Jugendliche in seinem Verhalten wieder „normal" erscheint. Angesichts der Rezidivquote, die rund 20

bis 25% aller Suizidversuche beträgt, wovon (wenn man *alle* Altersstufen einbezieht) ein tödlicher Ausgang in 8- bis 10% der Fälle vorkommt, ist diese Phase gerade von allerhöchster Bedeutung. Es ist wichtig, daß man, allerdings ohne Panikmache, die Eltern auf diese Tatsache hinweist und sie zur weiteren Kooperation gewinnt.

Neben den familienbezogenen Ansätzen haben sich auch verschiedene Methoden der Gruppentherapie sehr bewährt, weil sie gerade Jugendliche vielfach aus der Vereinzelung herausholen und ihnen das Gefühl vermitteln, mit ihrer Problemlage nicht allein zu sein, was viele Jugendliche ja glauben.

4.4 Institutionelle Maßnahmen

Einrichtungen und Betreuung suizidgefährdeter Menschen existieren seit langer Zeit. Die verschiedenen Länder haben hier unterschiedliche Traditionen. Zu erwähnen sind Suizidambulanzen an Kliniken, Kriseninterventionszentren an allgemeinen Krankenhäusern, multidisziplinäre Suizidsprechstunden, die Telefonseelsorge, die Samariter, die besonders in England wesentlich zur Suizidprophylaxe beigetragen haben, sowie zahlreiche Gruppen von Laienhelfern (teils religiöser, teils nichtreligiöser Orientierung), die sich der Aufgabe der Suizidprophylaxe verschrieben haben. Es ist nicht möglich, auf alle diese Institutionen und Organisationen einzugehen. Stellvertretend für alle anderen sei die *Telefonseelsorge* erwähnt, die nach einer Übersicht aus dem Jahre 1980 in 63 Orten der Bundesrepublik existiert. Rund 15% aller Anrufe erfolgen wegen einer Suizidproblematik, die Zahl der Anrufer mit psychischen Störungen wird auf etwa 16% im Bundesdurchschnitt geschätzt. Auch der Bekanntheitsgrad dieser Einrichtungen in der Bevölkerung ist groß. Nach einer Meinungsumfrage des Allensbacher Instituts für Demoskopie (*Böcker* 1972) hatten 75% einer repräsentativen Bevölkerungsstichprobe von der Telefonseelsorge gehört, 49% glaubten, daß diese Einrichtungen auch Menschen weiterhelfen könnten, wenn diese nicht mehr weiter wüßten, 1% berichtete, selbst schon einmal angerufen zu haben, 5% hatten erwogen anzurufen und 24% wußten, daß in ihrem Wohnbereich eine Telefonseelsorge existierte. Anrufe von Kindern kommen in Telefonseelsorgen relativ selten vor, wohl aber von Jugendlichen. Ein genauer Prozentsatz war nicht zu ermitteln.

Viel zu wenig existieren noch interdisziplinär besetzte Kriseninterventionszentren. Diese sollten für das Kindes- und Jugendalter in Zusammenarbeit zwischen Pädiatrie, innerer Medizin und Kinder- und Jugendpsychiatrie, Psychologie und Sozialarbeit eingerichtet werden und eine lückenlose Behandlungskette von der Akutphase bis zur mittel- bis langfristigen Betreuung realisieren können. Es muß leider gesagt werden, daß viele kindliche und jugendliche Suizidanten nach Behebung der unmittelbaren Lebensgefahr in eine recht ungewisse Zukunft entlassen werden.

Mit den institutionellen Maßnahmen kommen wir zugleich in das große Gebiet der Prävention. Ohne Zweifel könnten präventive Maßnahmen die wirksamsten sein. In der Durchführung sind sie aber zugleich die schwierigsten. Dabei ist davon auszugehen, daß viele wissenschaftliche Erkenntnisse über Genese, Dynamik und Verlauf suizidaler Handlungen in Präventivmaßnahmen noch nicht einbezogen sind. Klassischerweise unterscheiden wir die primäre von der sekundären und tertiären Prävention.

Alle Formen der Prävention setzen sich folgende Ziele (WHO 1968)

1) Prävention der fatalen Auswirkungen suizidaler Handlungen
2) Prävention der Wiederholung suizidaler Handlungen (Rezidivprophylaxe)
3) Verhinderung des ersten Suizidversuchs
4) Prophylaxe gegenüber Suizidgedanken und Suizidwünschen.

Diese von der WHO propagierten Ziele gehören verschiedenen Bereichen der Prävention an.

4.5 Primäre Prävention

Die *primäre* Prävention befaßt sich mit der Eliminierung oder Modifikation derjenigen Bedingungen, die das Risiko für eine suizidale Handlung erhöhen. Es sind dies: Verschiedene psychiatrische Erkrankungen (z.B. Schizophrenien, endogene Depressionen, manche neurotischen Störungen, Adoleszentenkrisen, Identitätsprobleme), besondere Belastungsmomente (Deprivationserlebnisse in früher Kindheit, belastete Familienverhältnisse, Auftreten belastender Ereignisse vor dem Suizidversuch, besondere Situationen wie z.B. U-Haft, Gefängnisaufenthalt, familiäres Vorbild, allgemeine soziale Belastungsbedingungen in der Familie und in der Schule etc. . Diese Bedingungen werden durch Maßnahmen der primären Prävention nicht beseitigt werden können. Und auch wenn dies im Prinzip möglich wäre, könnte dies niemand bezahlen.

Wohl aber ist es möglich und realistisch, die unmittelbaren Anzeichen eines sich ankündigenden Suizidversuches besser und rascher zu erkennen. Damit ist das *präsuizidale* Syndrom gemeint, das auch bei Kindern und Jugendlichen existiert.

Auch im Kindes- und Jugendalter kündigen sich Suizidversuche häufig an. Sie treten meist nicht aus heiterem Himmel auf. Es ist wichtig, auch in diesen Lebensabschnitten das präsuizidale Syndrom zu erkennen. Häufig sprechen Kinder und Jugendliche auch darüber, sich das Leben zu nehmen, besonders wenn Suizidäußerungen oder Suizidversuche in der Familie vorgekommen sind. Oft sind Eltern erstaunt, daß Kinder solche Äußerungen von sich geben, ohne zu realisieren, daß sie selbst die Vorbilder waren. Grundsätzlich muß jede Suiziddrohung und jede Suizidankündigung ernst genommen werden. Die Unterscheidung zwischen ernst gemeinten und nicht ernst gemeinten Suizidversuchen ist nach heutigen Erkenntnissen nicht mehr zulässig. Zweifellos gibt es auch Suizidversuche mit deutlicher Appelltendenz oder als gezielt eingesetztes Druckmittel. Derartige Varianten sollten aber nicht zur Grundlage von Klassifikationen gemacht werden.

4.6 Sekundäre Prävention

Die *sekundäre* Prävention erstreckt sich in erster Linie auf die Verhinderung von suizidalen Handlungen. Sie ist keine rein ärztliche Aufgabe, sondern ein interdisziplinäres Anliegen. Hier hat sich gezeigt, daß die Existenz von Kriseninterventionszentren, Telefonseelsorgen und interdisziplinär besetzten Suizid-Präventions-Zentren wirksam ist und auch die Suizidraten in gewissem Umfange senken können. Zumindest ist dies für die Organisation der Samariter in England belegt, auch haben die

Bemühungen von *Ringel* in Wien offenbar zu einer Senkung der Suizidraten geführt. Allerdings sind hier Grenzen gesetzt; es existieren mehrere Evaluationsuntersuchungen, deren Ergebnisse längerfristig nicht mehr überzeugend sind.

4.7 Tertiäre Prävention (Rückfall-Prophylaxe)

Dies gilt auch für die *tertiäre* Prävention, die sich mit der Verhinderung weiterer Suizidversuche nach einem bereits vorangegangenen beschäftigt. Auch in diesem Gebiet haben sich sowohl Suizid-Sprechstunden, Ambulanzen, insbesondere aber gute Kontakte zu *einem* Therapeuten bewährt, ferner die Telefonseelsorge und andere Dienste, die rund um die Uhr erreichbar sind. Die tertiäre Prävention hat den Vorteil, daß die Klientel bekannt ist, aber auch den Nachteil, daß es sich um ein hochgefährdetes Krankengut handelt. Sie muß nicht wie die Primär-Prävention Risikogruppen identifizieren (diese sind bekannt), sondern muß alle Anstrengungen unternehmen, um bereits identifizierte und gefährdete Kinder und Jugendliche vor erneuten Suizidhandlungen zu bewahren. Die Maßnahmen hierzu sind schlicht, aber schwer zu realisieren: Ständiges Aufrechterhalten eines therapeutischen Kontaktes, Kooperation mit der Familie bzw. der Umgebung, feste Abmachung mit dem Kind oder dem Jugendlichen, im Falle ernsthafter Suizidimpulse sofort anzurufen, Schaffung einer Behandlungskette unmittelbar nach dem ersten Suizidversuch, sorgfältig geplanter Übergang von der stationären in die ambulante Behandlung, Vorbereitung der Familie und der Umgebung auf die Reintegration des Patienten und vor allem Behandlung der Grundkrankheit bzw. der zum Suizidversuch führenden Konflikte.

4.8 Stationäre oder ambulante Therapie

Bei lebensbedrohlichen Ereignissen ist selbstverständlich eine stationäre Behandlung erforderlich. Sie dient zugleich *auch* dazu, das Kind oder den Jugendlichen vor seinen Suizidimpulsen zu bewahren. Jeder suizidgefährdete Patient (insbesondere Kinder und Jugendliche und deren Eltern) hat ein Anrecht darauf, auf einer kinder- und jugendpsychiatrischen Station sicher zu sein. Denn vielfach erfolgt die Aufnahme ja gerade deshalb, weil der Patient in seiner gewohnten Umgebung nicht mehr sicher ist. Auch ohne Vorhandensein einer lebensbedrohlichen Situation sollten suizidal gefährdete Kinder und Jugendliche aufgenommen werden, wenn folgende Kriterien vorliegen (*Kirstein* et al., 1975):

1) Vorliegen eines wohl-definierten Planes zum Suizid;
2) ernsthafte Suizidversuche in der Vorgeschichte;
3) Suizidgedanken und -phantasien oder Suizidversuche im Zusammenhang mit Psychosen oder wahnhaften Episoden;
4) Vorliegen anderer psychiatrischer Erkrankungen mit erhöhtem Suizidrisiko (z.B. endogene Depression, Drogenabhängigkeit etc.);
5) Wunsch des Patienten, der seine bedrohliche Lage empfindet, stationär aufgenommen zu werden;
6) persistierende Äußerung von Suizidgedanken ohne Akzeptierung anderer Alternativen (ausweglose Krisensituation).

Da viele Kinder und Jugendliche nicht endgültig aus dem Leben scheiden wollen, sondern vielfach nur aktuellen Krisen und Belastungssituationen nicht gewachsen sind und die Suizidhandlung nicht selten den Charakter einer parasuizidalen Pause hat, sind die Erfolge stationärer Maßnahmen und engmaschiger ambulanter Nachbetreuung im allgemeinen nicht ungünstig.

Dennoch bleibt festzuhalten: Das Problem der Therapie und Behandlung von Suizidhandlungen im Kindes- und Jugendalter ist nicht gelöst. Es wird vielleicht auch nie ganz lösbar sein. Als Kinder- und Jugendpsychiater können wir aber durch Nutzung bisheriger Erkenntnisse, Engagement und Kooperation einen Schritt zur Lösung beitragen.

Literatur

Achte, K.A., Apo, M., Haapaniemi, L., Katila, O.: Suicide and pregnancy. Psychiat. Finn. (1971) 235–237.

Améry, J.: Hand an sich legen – Diskussion über den Freitod. Klett-Cotta, Stuttgart 1976.

Beichl, L.: Über Selbstmordhäufungen in einer Familie. Wien, klin. Wschr. 77 (1965) 727–728.

Bergstrand, C.G., Otto, U.: Suicidal attempts in adolescence and childhood. Acta paedopsychiat. 51 (1962) 17–26.

Böcker, F.: Suicidprophylaxe in der Bundesrepublik Deutschland. Vortrag anläßlich der Gründung der Deutschen Gesellschaft für Selbstmordverhütung 1972. Nachdruck in: Suicidprophylaxe 7 (1980) 187–199

Dührssen, A.: Zum Problem des Selbstmordes bei jungen Mädchen. Beiheft Nr. 9 zur „Praxis der Kinderpsychologie und Kinderpsychiatrie", Göttingen 1967

Marcelli, D.: Les tentatives de suicide de l'enfant. Acta paedopsychiat. 43 (1978) 213–221

Moss, L.M., Hamilton, D.M.: Psychotherapy of the suicidal patient, in: Shneidman, E.S., Farberow, N.L. (Eds.): Clues to Suicide, McGraw-Hill, New York 1957

Kirstein, L., Prussoff, B., Weisman, M., Dressler, D.M.: Utilization review of treatment for suicide attempters. Amer. J. Psychiat. 132 (1975) 1

Leder, H.: Klinische und sozialfürsorgerische Gesichtspunkte beim Suizidversuch Jugendlicher. Psychiat. Neurol. med. Psychol. 19 (1967) 183–186

Lungershausen, E.: Suicide und Suicidversuche bei Schülern. Z. Präv.-Med. 11 (1966) 414–433

Milcinski, L.: Familienatmosphäre und Selbstmord. Wien. med. Wschr. 121 (1971) 220–223.

Otto, U.: Suicidal attempts made by children. Acta paediat. scand. 55 (1966) 64–72

Otto, U.: Suicidal attempts made by psychotic children and adolescents. Acta paediat. scand. 56 (1967) 348–356.

Otto, U.: Suicidal attempts made by children and adolescents because of school problems. Acta paediat. scand. 54 (1965) 348–356.

Otto, U.: Suicidal attempts made by pregnant women under 21 years. Acta paedopsychiat. 32 (1965) 276–288.

Pohlmeier, H. (Hrsg.): Selbstmordverhütung. Anmaßung oder Verpflichtung. Keil, Bonn 1978.

Remschmidt, H., Schwab, Th.: Suizidversuche im Kindes- und Jugendalter. Acta paedopsychiat. 43 (1978) 197–208.

Ringel, E.: Ein Beitrag zur Frage der vererbten Selbstmordneigung. Wien. Z. Nervenheilk. 5 (1952) 26–40.

Rost, H.: Der Selbstmord in den Kulturstaaten der Erde. Archiv f. Erforschung und Bekämpfung des Selbstmords 1 (1932) 5–12. Reprint in: Suicidprophylaxe 2. Sonderheft 1979.

Rutter, M., Madge, N.: Cycles of disadvantage. Heineman, London 1976.

Vilmar, G.: Zur Eltern-Kind-Beziehung in Familien mit einem psychotischen Kind. Med. Diss., Marburg 1975.

Wekstein, L.: Handbook of Suicidology. Brunner u. Mazel, New York 1979.

World Health Organization: World health statistics annals Geneva 1968, Vol. 21/6.

Suizidversuche bei Kindern und Jugendlichen

Ulf Otto

Zusammenfassung

Das Problem des Suizids von Kindern und Jugendlichen muß im kulturellen und historischen Zusammenhang gesehen werden. In Schweden durchgeführte Untersuchungen haben gezeigt, daß Kinder, deren Mütter die Schwangerschaft nicht akzeptieren konnten oder stark ambivalent erlebten, sich später in ihrer physischen und psychischen Entwicklung auffällig zeigten. Sie waren in der Familie einsam, zeigten Kontaktstörungen und solche Erfahrungen zeigten sich im Leben von Jugendlichen, die später Suizid begingen. Ebenso waren Trennungen von einem Elternteil durch Tod oder Scheidung bedeutsam. 1980 wurden in Schweden 40.000 Ehen geschlossen und mehr als 21.000 geschieden.

Ein Suizidversuch eines Jugendlichen kann demonstrativen Charakter haben, kann auch einem magischen Verlangen entsprechen, sich mit einem Verstorbenen oder Abwesenden vereinigen zu wollen. Die schrittweise Entwicklung Jugendlicher zum Suizid und die präsuizidalen Symptome werden aufgeführt. Zur Verhütung solcher Entwicklungen werden praktische Hinweise gegeben und vor allem die Überweisung zum Kinder- und Jugendpsychiater verlangt, sobald die Intensivmaßnahmen abgeschlossen sind.

Trotz moderner, gesellschaftsfreundlicher Psychiatrie und Sozialfürsorge, trotz Zugang zu modernen psychotherapeutischen Methoden, trotz Psychopharmaka, trotz unendlich reichen und theoretischen Wissens hinsichtlich der Bedürfnisse des Kindes und auch des Erwachsenens, trotz eines in den meisten Ländern gut ausgebauten Betreuungssystems für Kinder und Jugendliche, trotz einer Schule, die jahrhundertlange Entwicklung hinter sich hat, trotz all dieser Fürsorgeeinrichtungen scheinen Anpassungsschwierigkeiten, soziale Ausgestoßenheit, psychische Störungen und die Unfähigkeit des Menschens sich der selbst geschaffenen Umgebung anzupassen, nur zuzunehmen. Das gleiche gilt auch für das Ansteigen der Selbstmordrate. Werden wir Menschen nie lernen ein menschliches Dasein zu schaffen? Sehen wir den Selbstmord als letztes Symbol für das Abstandnehmen von Leben und Gesellschaft, so müssen wir leider konstatieren, daß dies nicht der Fall zu sein scheint. In den Kinder- und Jugendjahren, in denen die lebensbejahenden Kräfte am stärksten sein sollten, können wir heute eine Steigerung der Selbstmordrate konstatieren. Warum? Alle, die mit Kindern und Jugendlichen arbeiten, wissen, daß die Antwort an sich ganz einfach ist. Wir brauchen uns nur einmal in unserer eigenen Welt umzusehen. Die Antwort ist jedoch außerordentlich kompliziert. Ein erfahrener Psychiater drückte sich einmal so aus: „Ohne zynisch zu sein können wir sagen, daß wir alles über Selbstmord wissen, nur nicht warum der Einzelne zum Selbstmord greift und warum bestimmte Selbstmordformen zunehmen.“ Gleichzeitig wurde das meiste schon vor langem gesagt. *Schopenhauer* drückte sich folgendermaßen aus: Der Selbstmörder will das Leben, er ist bloß mit den Bedingungen unzufrieden, unter denen es ihm geworden ist.“ Und schon im Jahre 1637 sagte *John Syms*: „Dem Selbstmord kann man nicht so sehr durch Argumente gegen die Handlung als solche vorbeugen, als vielmehr durch das Entdecken und Beseitigen der Ursachen und Motive."

Viel mehr muß nicht mehr hinzugefügt werden. Aber lassen Sie uns trotzdem einiges Wissen der Historie entnehmen. Schon in dem hippokratischen Werk Peri Parthenion werden in einem Abschnitt über die Krankheiten junger Mädchen unter psychischen Symptomen selbstmörderische Tendenzen beschrieben, unter denen junge Mädchen während der Menstruation leiden.

Zeitweise nimmt die Selbstmordrate junger Menschen ganz offensichtlich zu. Ein solcher Zeitabschnitt war die romantische Periode gegen Ende des 18. Jahrhunderts, als *Thomas Chatterton* sich im Alter von 17 Jahren das Leben nahm und somit zu einer Art Symbolfigur des romantischen Poeten wurde. *Alfred de Musset* gab als 20jähriger seine Begeisterung beim Anblick einer wunderbaren Aussicht mit folgenden Worten Ausdruck: „Oh, welch' ein herrlicher Platz sich das Leben zu nehmen!".

In Deutschland ist die Werther-Epedemie wohlbekannt, sie wurde ausgelöst durch *Goethes* Werk, das den Selbstmord des 25jährigen deutschen Juristen *K.W. Jerusalem* wegen unglücklicher Liebe beschreibt.

Der Selbstmord als solcher ist genau so alt wie die Menschheit. Dagegen haben sich Einstellung, Anzahl, Methoden und Ursachen zusammen mit verschiedenen Kulturen, Zeitaltern und politischen Systemen, geändert. Aus dem Schweden des 18. Jahrhunderts kann man folgende Geschichte erzählen:

„Ein 11-jähriger Junge hatte sich an einem Türpfosten erhängt. Der Gemeindepfarrer fragte beim Konsistorium in Linköping – eine Stadt in Schweden – nach Verhaltensregeln an. Das Konsistorium antwortete, daß die sterblichen Überreste in einer abseitsliegenden Ecke des Friedhofes beigesetzt werden sollten. Die Eltern sollten mit zwei Kannen Wein zu Gunsten der Kirche ihre Buße tun, nachdem sie auch zu einem gewissen Teil an der verzweifelten Tat des Jungen Schuld trugen. Der Gemeindepfarrer wurde ferner angewiesen in seiner Predigt auf die Notwendigkeit hinzuweisen, daß Eltern ihre Kinder in christlichem Glauben und Gottesfürchtigkeit zu erziehen haben."

Haben wir 300 Jahre später mit unserer modernen Statistik, Psychiatrie und Sozialpflege soviel mehr dazu gelernt? Meiner Meinung nach wird hier eine Gemeinde beleuchtet, die sicherlich von der Mehrzahl als außerordentlich engstirnig und reaktionär angesehen wird, die aber eine gute Erfassung bezüglich der Verantwortung und Bedeutung der Eltern für die Entwicklung ihrer Kinder widerspiegelt. Daß der Junge als sogenannte Selbstbefleckung in geweihter Erde begraben werden durfte, war ein ausgesprochener Ausnahmefall, und zwar unter Berücksichtigung seines Alters, aber auch unter dem Gesichtspunkt, daß die Verantwortung eigentlich nicht bei ihm selbst zu suchen war.

In den 30er und 40er Jahren war die Selbstmordforschung hauptsächlich auf erbliche und konstituionelle Faktoren ausgerichtet. Danach folgte eine Periode, in der man Selbstmord, wie auch so vieles andere, hauptsächlich unter sozialen und gesellschaftlichen Aspekten betrachtete. Diese Betrachtungsweise ist in eine Sackgasse geraten, in der sie anscheinend steckengeblieben ist; und in der sie kaum noch zu neuen Erkenntnissen gelangt. Vielleicht ist die Suizidologie, diese junge Wissenschaft, mittlerweile imstande, die wirklichen, allen der Wissenschaft widersprechenden Aspekte auf dem äußerst komplizierten, multidimensionalen Gebiet der Selbstmorde, neu zu beleben.

Der selbstzerstörerische Trieb erscheint nach außen hin sehr unterschiedlich: Wahnsinnsfahrten mit dem Auto ohne Sicherheitsgurt, Verwahrlosung der Gesundheit, übermäßiger Nikotingenuß, Freßsucht, Arbeitswut, Anorexie, Alkoholismus, Rauschgiftsucht, gewisse Sportarten wie Bergsteigen, Überquerung großer Meere in kleinen Fahrzeugen, wie z.B. russisches Roulette, Selbstverstümmelung, Tendenz zu Unfällen, Prostituion und Landstreicherei. Die Selbstzerstörung entsteht im Individuum, wenn die lebensbejahenden Triebe den zerstörerenden Kräften weichen. Dies zu verstehen, zu sehen und bei Kindern zu akzeptieren, fällt den Erwachsenen oft schwer. Sie verneinen das mit Äußerungen wie: „Kinder können so nicht denken und fühlen“, „Kinder können nicht solche Gedanken haben, daß sie wirklich sterben wollen”. Selbst viele von uns, die wir mit Patienten arbeiten, haben ihre Haltung gegenüber dem sogenannten objektiven Betrachten mit Gleichgültigkeit für moralische, ethische und emotionale Aspekte gegenüber der zerstörenden Handlungsweise mehr und mehr verändert.

Lassen Sie uns am Beispiel einer anderen Kultur sehen, wie man das magische Spiel mit Leben und Tod institutionalisieren kann: „Auf Tikopia, einer polynesischen Insel, ist es eine übliche Selbstmordmethode, daß ein Mann, der Selbstmord begehen will, sich bei schlechtem Wetter in einem Kanu aufs Meer begibt, während sich Frauen hinausbegeben und baden und sich dabei der Gefahr aussetzen, sich von Wellen oder Haien verschlingen zu lassen. Sobald man im Dorf von solch einer Selbstmordhandlung erfährt, organisiert man eine Flotte von Kanus, die sich hinausbegeben, um nach der fraglichen Person zu suchen. Die Chancen, diese zu retten, hängen vom Wetter, der Tageszeit, der Anzahl der zur Verfügung stehenden Boote etc. ab. Diejenigen, die zum Selbstmord greifen, wissen, daß der Ausgang ihres Vorhabens ungewiß ist. Ein geretteter Selbstmörder wird willkommen geheißen und in die Gemeinschaft wieder aufgenommen.“

Man hat die Möglichkeit, den Ausgang dieses Spiels selbst durch die Wahl eines günstigen Zeitpunktes und Platzes zu beeinflussen. Der manipulierbare Anteil bei selbstzerstörerischen Handlungen ist ja wohlbekannt.

Wir können Selbstmorde bei Kindern und Jugendlichen nicht diskutieren, ohne sie in ihrem kulturellen und historischen Zusammenhang zu sehen.

In der vorindustrialisierten Gesellschaft war das Kind ein wichtiger Produktionsfaktor und die Familie eine Produktionseinheit. Die Familie war eine Einheit mit gemeinsamen Aufgaben und Zielen.

Mit zunehmender Mechanisierung im Industriebereich begann die Trennung zwischen Kind und Eltern, und zwar besonders in der Arbeiterklasse. Aber selbst im Handels- und Verwaltungsbereich wurde das Arbeitsleben aus dem Familienkreis nach draußen verlegt. Die Familie war nicht länger ein Produktionszentrum, wie in Landwirtschaft und Handwerk, sondern ging zum Konsum und zur Reproduktion über.

Da die Gesellschaftsordnung so kompliziert wurde, daß Kinder mehr und mehr Ausbildung außerhalb der Familie brauchten, veränderte sich der Alltag der Kinder radikal. Noch nie hatten Kinder ein so funktionsloses Dasein wie in unserer heutigen Gesellschaft. Ihr Tag ist in Schularbeit und Freizeit eingeteilt. Letztere ist für Freizeitinteressen da und kaum geeignet, die Gemeinschaft mit Menschen verschiedener Altersgruppen zu erleben. In der Zusammenhörigkeit des Kollektivs ist das Kind von heute nur noch ein Individuum in einer oberflächlich zusammengehaltenen Familie und lebt und wohnt oft isoliert von anderen. Die Kluft wächst zwischen Familie und Umwelt. Die Kinder unserer Wohlfahrtsstaaten greifen zu immer kräftigeren Mitteln, um ihrem Verlangen nach einer festen Hand, ihrer Einsamkeit und ihrer Verzweiflung Ausdruck zu geben. Sie sind sogar imstande, sich das Leben zu nehmen.

Aus einigen schwedischen Untersuchungen kann man erkennen, wie belastet viele Kinder in unsere heutige westliche Welt eintreten. Aus dieser Studie geht hervor, daß von 165 zufällig ausgewählten Schwangeren 57% ungewollt in anderen Umständen waren, daß die Schwangerschaft bei 39% unerwünscht und ungelegen kam und bei 6% war das Kind direkt unwillkommen. 23% der Schwangeren hatten die negative Einstellung zu ihrem Kind noch ein halbes Jahr nach der Entbindung.

Bei einer anderen gleichartigen Studie fand man heraus, daß knapp 50% der Schwangeren froh und glücklich waren, während 20–25% ambivalente Gefühle hatten und 30% die Schwangerschaft negativ und als Schock empfanden. Man beobachtete diese Kinder während der Entwicklung, dabei stellte sich heraus, daß die Kinder der ersten Gruppe – also von frohen und glücklichen Müttern – harmonisch waren, daß sie sich physisch und psychisch gut entwickelten und kontaktfreundlich waren – nicht nur ihren Müttern gegenüber – auch gegenüber anderen Erwachsenen. Die Mütter, die die Schwangerschaft mehr zögernd und mit geteilten Gefühlen erlebten, bekamen passive, abwartende Kinder, die selten lachten und außerdem einen schlaffen Muskeltonus hatten. Die Kinder der dritten Gruppe – also negativ eingestellter und schockierter Mütter – zeigten geringes Interesse für ihre Umgebung, lachten selten, waren ernst, schrien und plärrten viel und zeigten Unruhe und Unzufriedenheit. Sie hatten eine deutliche Distanz zur Mutter und wurden als augenscheinlich egozentrisch empfunden.

Diese Beispiele zeigen, daß Kinder innerhalb einer Familie aufwachsen können und trotzdem Einsamkeit, Kontaktstörungen und Verlassenheit erleben. Das ist eine wichtige Tatsache, denn gerade diese Erlebnisse spiegeln sich im Leben vieler Jugendlicher wider, die später Selbstmord begehen.

Aber es gibt eindrucksvollere Beispiele für das Verhalten, das immer wieder bei Kindern und Jugendlichen, die Selbstmord begehen, als ethnologischer Anteil, auftritt, nämlich die Trennung von einem Elternteil, sei es durch Tod oder Scheidung. In Schweden hatten wir Anfang der 60er Jahre jährlich ca. 6.000 Scheidungen. Die Zahl der Scheidungen in Schweden ist in den vergangenen Jahren beträchtlich gestiegen. 1980 wurden 40.000 Ehen geschlossen und mehr als 21.000 geschieden, also mehr als die Hälfte.

Ich kann es nicht bleiben lassen, zwei in ganz verschiedenen Zusammenhängen gemachte Äußerungen zusammenzusetzen, nämlich die eines bekannten schwedischen Sozialmediziners, der hervorhob, daß wir in einer außerordentlich kinderfeindlichen Gesellschaft leben und die des französischen Psychiaters *Soubrier,* der ebenfalls hervorhob, daß wir in einer suizidiogenen Gesellschaft leben. Vielleicht hängen diese zwei Faktoren zusammen. In Schweden sind wir heutzutage gleichzeitig so selbstzerstörend und kinderfeindlich, daß wir dabei sind, als Nation zu verschwinden: Will Schweden weiterhin bestehen, so ist es notwendig, daß jede Frau 2,2 Kinder bekommt, aber heute liegt die Geburtenrate bei knapp 1,5.

Und die Kinder, die das Licht der Welt erblicken, müssen sich schnell an einen Alltag mit oberflächlichen Kontakten zu vielen Menschen gewöhnen, oft müssen sie sich an junges und unerfahrenes Personal in Kindertagesstätten und Vorschulen gewöhnen, wobei sie schnell lernen, keine festen Beziehungen zu Erwachsenen zu entwickeln, da der Personalwechsel beträchtlich ist; meist handelt es sich hierbei um weibliches Personal; Männer sind noch immer recht selten in der Welt des Kindes.

Ein dänischer Forscher hat darauf hingewiesen, daß die Selbstmordforschung politisch gesehen gefährlich ist, da sie den Zeigefinger direkt auf die schwachen Punkte der Gesellschaftsstruktur legt. Und obwohl wir wissen, daß die Selbstmordfrequenz bei Erwachsenen, besonders bei Alleinstehenden, Witwen und Witwern, Geschiedenen, Arbeitslosen und sozialen Randgruppen besonders hoch ist, so wissen wir, daß sie am häufigsten bei jenen Kindern und Jugendlichen auftritt, die die Trennung von einem Elternteil erlebt haben. Es sind unehelich Geborene, oder sie haben den Verlust eines Elternteils erlebt – sei es durch Scheidung, Tod oder Unfall; andere waren erfolglos oder haben die für sie anstrengende Schulsituation nicht verkraftet oder sind in einer grausamen und rücksichtslosen Freundeswelt aufgewachsen. Schließlich sind jene zu nennen, die in ihrem Dasein keinen Sinn erblicken. Auf diesem unsicheren Grund und damit oftmals parallelgehendem Mangel an fundamentaler Sicherheit, kann ein außerordentlich banales Ereignis der Auslöser für den Selbstmord sein.

Wir sollen uns in der Selbstmordforschung nicht zu viel den immer wiederkehrenden statistischen Berichten widmen, aber ich möchte trotzdem in diesem Zusammenhang eine von vielen Studien erwähnen, nämlich aus *Los Angeles,* in welcher man konstatiert, daß von Jugendlichen, die einen Selbstmordversuch unternahmen, 40% einen Elternteil, Angehörigen, oder nahen Freund durch Selbstmord verloren hatten. 74% hatten schwere familiäre Konflikte miterlebt. 84% hatten eine Stiefmutter bzw. einen Stiefvater. 16% hatten einen oder gar zwei vom Alkohol abhängigen Elternteil.

Bei Auswertung verschiedenen Selbstmordmaterials hat sich beim Vergleich mit Kontrollgruppen eine große Anzahl gezeigt, die den Verlust eines Elternteils während der Kindheit und zwar durch Tod oder Scheidung erlebt hat. Oft kam Selbstmord im Verwandtschaftskreis vor, der dann als Modell diente. Vieles spricht dafür, daß die Formulierung des österreichischen Kinderpsychiaters zutrifft, der behauptete, daß eine funktionierende, zusammenhaltende Familie die beste Garantie für ein Niedrighalten der Selbstmordrate ist. Das bedeutet, daß unsere heutige, westliche Gesellschaftsordnung böse dran ist.

Kurzum scheinen die meisten Kinder und Jugendlichen, die im Selbstmord den einzigen Ausweg sehen, unerwünscht und ungeliebt zu sein und identifizieren sich mit einem abwesenden oder sich ablehnend verhaltendem Elternteil, zu dem sie ein zwiespältiges Verhältnis haben. Bei diesen Eltern handelt es sich um psychisch instabile, abweisende, zum Selbstmord neigende Personen, die in wenig geordneten Familienverhältnissen leben.

Eine in diesem Zusammenhang gemachte interessante Beobachtung ist die, daß nicht nur Eltern ihre Kinder vor Selbstmord schützen, sondern auch umgekehrt: Die Verantwortung für das Kind hat einen klaren, dem Selbstmord vorbeugenden Effekt auf Erwachsene.

Es ist selbstverständlich kein Zufall, daß Selbstmorde gerade in der frühen Teenagerjahren mehr und mehr zunehmen. Vor den Teenagerjahren ist der Selbstmord äußerst selten. Die Praeadoleszenz, im Alter zwischen 9 und 12 Jahren, nennt man gewöhnlich die erste Separations-Individuationsphase, in welcher der junge Mensch zwischen Vergangenheit und Zukunft, zwischen Symbiose und Autonomie, steht. Er nimmt mehr Abstand von den Eltern und es zieht ihn zu Freunden. In dieser Phase gibt es daher etwas, das im Zusammenhang mit einer Selbstmordhandlung steht, nämlich die Separation, das Risiko der Einsamkeit und des Ausgeliefertseins. Um diese Entwicklungsphase ohne spezielle Schwierigkeiten zu überwinden ist es notwendig, daß die früheren Entwicklungsphasen einigermaßen zufriedenstellend absolviert wurden.

Mißglückt diese Entwicklungsphase, die dann in die Adoleszenz mit ihrer ausgeprägten Identitätskrise übergeht, riskieren wir, daß der Jugendliche aufmüpfig wird, sich rächt und in der Entwicklung stehen bleibt. Hier wird gewählt zwischen Produktivität, Kreativität und Schaffenskraft einerseits und Stagnation, Festgefahrenheit und Starrsinnigkeit andererseits. Hier fällt auch die Entscheidung, ob man es wagt, sich näher zu kommen, man muß wählen zwischen Intimität und Offenheit wie auch Distanz, Einsamkeit und Isolierung.

Die von Generation zu Generation überlieferten Märchen leben noch nach Jahrhunderten weiter, weil sie eine Wirklichkeit beschreiben, mit der wir uns identifizieren können, und sie symbolisieren zugleich die Entwicklung des Kindes in einer Dreistufen-Phase. Zuerst eine ruhige, harmonische und glückliche bzw. unglückliche, einsame und unsichere Kindheitsphase. Danach eine Zeit der Unruhe, Spannung und der Ungeborgenheit, in der der Jugendliche in einer unsicheren Welt voller Abenteuer, Leiden und Schwierigkeiten steht. Und letztlich, wenn alles hoffnungslos erscheint, kommt die dritte Stufe, die segensbringende, in der der Mensch nach Hause zurückkehrt oder ein Königreich erwirbt. Im Märchen endet das Ganze nicht selten mit einer Hochzeit. Solch glücklichen Ausgang finden wir z.B. in Hänsel und Gretel, Rotkäppchen, Schneewittchen und die sieben Zwerge, Dornröschen und vielen anderen.

Die mittlere Phase ist besonders risikoreich. In ihr gerät der Jugendliche oft in eine tumultartige Phase, in der der Selbstmordversuch als „Hilferuf" erfolgt; er kann auch als letzter Ausweg aus einer hoffnungslosen, von Einsamkeit und Verlassenheit geprägten Situation betrachtet werden, in der der Tod zum wirklichen Ziel werden kann. In diesem Fall steht dem vollendeten Selbstmord nichts entgegen.

In einem „dramatischen" Alter bedient man sich gern dramatischer Ausdrucksmittel, wobei der Selbstmordversuch eine der besten Möglichkeiten ist, seine Umwelt zu beeinflussen und deren Engagement zu wecken und somit sachkundige Hilfe und Pflege zu erlangen. Weitere Aspekte für diese Handlungsweise sind in der Einstellung zu finden „es geschieht Dir recht, wenn ich mir das Leben nehme!", also dem Bedürfnis, seine Umgebung zu bestrafen. In vielen Fällen spielt auch das magische Verlangen mit, sich mit einem Verstorbenen, gefühlsmäßig Nahestehenden, oder mit einem Abwesenden zu vereinigen. Hier finden wir wieder den wohlbekannten Zusammenhang, daß nämlich derjenige, der Selbstmord begeht, oft einen Elternteil während der frühen Entwicklungsphase verloren hat. Das kann der Hintergrund für eine dramatische Entwicklung sein, die durch etwas ganz banales in Gang gesetzt wird, z.B. durch einen Konflikt mit der ersten Liebe und die damit verbundenen Ängste eines erneuten Verlassenwerdens.

In dieser labilen Entwicklungsphase kann eine Aggressivität leicht provoziert werden und nicht nur gegen die Umwelt gerichtet sein, sondern auch gegen das eigene Ich, wobei diese dann nicht selten sich auch in Depressionen ausdrückt. Eine gestörte Identität und eine gestörte Wirklichkeitsauffassung können nicht zu einer dem Alter entsprechenden, normalerweise wohlbalancierten Revolte und Befreiung führen, sondern zu intensivem Haß und Verachtung der Gesellschaft und ihrer Ordnung.

Bei einer sensiblen, nach innen gerichteten Person mit geringer Frustrationstoleranz kann eine selbstdestruktive Handlung zu einem nicht ungewöhnlichen Beginn einer psychopathologischen Entwicklung werden.

Jugendliche können in gestörten innerfamiliären Beziehungen in eine Sündenbockrolle geraten, wenn es ihnen an Kontakten fehlt, sie isoliert sind oder sich ungerecht behandelt fühlen. Die Gleichgültigkeit und Hilflosigkeit der Angehörigen kann ebenfalls im Sinne einer Verzweiflungstat Selbstmordhandlungen hervorrufen.

Manchmal können Suizide auch zur Erpressung oder Manipulation der Umwelt dienen.

Selbstmord kann auch im Rahmen einer psychotischen Entwicklung vorkommen bei einer drohenden Persönlichkeitsauflösung, oder kann die Folge eines halluzinatorischen Aufrufs zum Selbstmord sein.

Das dem jugendlichen Selbstmord eigene impulsive Gepräge darf also nicht verbergen, daß ihm oftmals eine langwierige, ja sogar lebenslange Entwicklung zugrunde liegt. Nach und nach zeigt es sich auch, daß man mit größerer Hellhörigkeit oft praesuizidale Veränderungen durch Stimmungsumschwünge, Verhaltensänderungen und psychische Anfälligkeiten hätte bemerken können, ja es sind sogar direkte Warnungen und Drohungen bezüglich des bevorstehenden Selbstmordes wahrzunehmen.

Kann dann die Selbstmordhandlung ein entweder – oder sein? Nein, oft kann man eine schrittweise Entwicklung erkennen an:

1. unspezifischen psychischen Symptomen,
2. Depressionen,
3. Selbstmordgedanken und Selbstmordvorstellungen,
4. Selbstmorddrohungen,
5. Selbstmordgesten,
6. seelischen Fehlentwicklungen, deren Herkunft unbekannt ist, man fragt sich, ob es sich um einen Unglücksfall oder etwas absichtlich Herbeigeführtes handelt,
7. Selbstmordversuchen,
8. dem ausgeführten Selbstmord.

Abschließend noch ein paar Worte bezüglich meiner eigenen Studie, die sich auf ca. 1.700 Jugendliche bezieht, die während der Jahre 1955–1959 in schwedische Krankenhäuser wegen eines Selbstmordversuches eingewiesen wurden. Die Dominanz von Mädchen belief sich auf 80%, während sich dieser Prozentsatz 20 Jahre später auf 60 verringert hat. Im Gegensatz dazu dominieren Jungen noch immer beim vollendeten Selbstmord. Bei beiden Geschlechtern dominieren die passiven Methoden, aber Jungen greifen öfter zu einer aktiven Methode als Mädchen, nämlich 18 bzw. 7%.

Psychotische Zustände sind nur für einen geringen Teil der Selbstmorde verantwortlich zu machen. Dagegen beobachtet man oft Insuffizienzzustände und Neurosen bei instabilen Personen. Die Zeit kurz vor dem Selbstmord war in hohem Grad von Veränderungen geprägt, die einer wachen Umgebung eigentlich nicht entgehen dürften, und eine aufmerksamere Gesellschaft sollte hilfreiche Maßnahmen treffen können. Zeichen von erhöhter Spannung sowie depressive Symptome waren besonders häufig. Im allgemeinen lag eine langwierige, sogar jahrelange, ungünstige Entwicklung bezüglich psychischer Stabilität und sozialer Fähigkeiten vor.

Bei den Jüngeren, ungefähr 10jährigen, dominierten vor allem Schulprobleme und Elternkonflikte. Bei den Teenagern wurden besonders Probleme ermittelt, die im Verhältnis zum anderen Geschlecht lagen. Die Schule ist heute für viele junge Menschen das einzige Verbindungsglied zur Gesellschaft. Jedenfalls hat es die Schule in Schweden schwer, ein passendes Modell zu finden. Oft gelingt es ihr in ihrer strukturellen Weichheit, das Leben für den begabten Schüler durch mangelnde Stimulantien und geringe Forderungen schwer zu machen und das gilt gleichermaßen für die intellektuell Schwächeren, die durch Überforderung und mangelnde Hilfestellung die Schule ebenfalls als drückende Last empfinden.

10–15 Jahre nach dem Selbstmordversuch zeigte sich, daß diese Kinder und Jugendlichen – im Verhalten zu einer Kontrollgruppe – in weitaus größerem Maß krankgeschrieben waren und in größerem Ausmaß in psychiatrischen Kliniken behandelt wurden; die jungen Männer wurden öfter vom Militärdienst freigestellt. Man kann zu dem Schlußsatz kommen, daß die Kinder und Jugendlichen, die zum Selbstmord greifen – als Gruppe betrachtet – eine größere psychische Labilität zeigen als die Kontrollgruppe.

Und so kommt das besonders Ernste: Bei späteren Nachuntersuchungen hatten sich nicht weniger als jeder zehnte Junge das Leben genommen, bei den Mädchen waren es nur 3%. Diejenigen, die sich später das Leben nahmen, waren meist Jungen, die bereits beim Selbstmordversuch zu aktiven Methoden gegriffen hatten. Bei ihnen wurde die Diagnose Charakterstörung oder Psychose gestellt und sie gehörten der jüngsten Gruppe an, den etwa 10jährigen.

Wie können wir der Zukunft begegnen? Persönlich glaube ich eigentlich nicht, daß uns die Forschung noch viel weiter bringen kann. Meist wird bestätigt, was schon lange bekannt ist. Statt dessen ist es außerordentlich wichtig, daß wir *praktisch* arbeiten:

1. Kenntnisse in mentalhygienischem und sozialpsychiatrischem Denken bei jenen aufzubauen, die mit Kindern und Jugendlichen täglich arbeiten, z.B. Lehrern, Schulvorsorgepersonal, Freizeitleitern, so daß sie Verhaltensänderungen der Jugendlichen sowie Veränderungen im psychischem Befinden bemerken können;

2. dafür sorgen, daß die Mitarbeiter, die in Kinderkliniken, in chirurgischen und medizinischen Abteilungen, sowie in Intensivabteilungen als erste in der Akutsituation suizidale Kinder und Jugendliche aufnehmen, sie später eine kinder- und jugendpsychiatrischen Klinik überweisen;

3. an Kinder- und Jugendpsychiatrischen Kliniken unsere Mitarbeiter für den Umgang mit Kindern und Jugendlichen, die Selbstmord begehen wollten, gut ausbilden, damit sie den Jugendlichen in angemessener Weise begegnen;

4. eine sowohl individuelle als auch familientherapeutische Mitarbeitergruppe aufbauen, die alle in einer Kinder- und Jugendpsychiatrischen Klinik zur Verfügung stehenden Mittel innerhalb der psychiatrischen, medizinischen, sozialen und pädagogischen Bereiche einsetzen kann;

5. den alten, schönen und anscheinend völlig unrealistischen Traum verwirklichen, nämlich eine menschliche Gesellschaftsordnung schaffen, die der Jugend die Möglichkeit gibt, sich unter sicheren und harmonischen Bedingungen zusammen mit Erwachsenen zu entwickeln, die sie lieben und die ihnen Sicherheit und Entwicklungsmöglichkeiten geben, die aber auch angemessene Forderungen an sie stellen.

Diese multidimensionale Art und Weise dem Selbstmord zu begegnen ist notwendig, da er so viele verschiedene Aspekte und Ursachen hat.

Ich begann meine Ausführungen mit einem Hinweis auf *Hippokrates*. Vielleicht kann ich mit einer Warnung vor dem endgültigen, definitiven Selbstmord, bei welchem der Mensch als Rasse sich selbst ausrottet, abschließen. Der hier beschriebene Weg des Einzelnen hin zum Selbstmord kann gerade in unserer Zeit auch für die ganze Menschheit gelten.

Möge es uns vergönnt sein noch rechtzeitig einzugreifen . . .

Rechtliche Fragen beim Suizid in ärztlich-psychologischer Sicht

Helmut E. Ehrhardt

Zusammenfassung

Rechtsfragen haben bisher bei Minderjährigen eine geringe Rolle gespielt. Die freie Verantwortung wird in der Regel zu verneinen sein. Die Diskussion der Strafjuristen bezieht sich vorwiegend auf das Umfeld des Suizids. Suizid im Krankenhaus ist als Problem des Haftungsrechts ein aktuelles Thema für den Psychiater geworden. Die Frage der Nichtverhinderung des Suizids als unterlassene Hilfeleistung betrifft den Arzt ebenfalls ganz besonders. Das Strafrecht erscheint als kein geeignetes Mittel für Suizidprophylaxe. Ein Problem stellt die Ausweitung des Krankheitsbegriffes vor allem im Sozialrecht dar.

Bei *Albert Camus* in „Der Mythos von Sisyphos" findet sich gleich zu Beginn die Bemerkung, daß es „nur ein wahrhaft ernstes philosophisches Problem gibt, und dies ist der Selbstmord". Im Blick auf die Geschichte der Philosophie kann man das nur als eine zwar interessante, aber doch sehr private Meinungsäußerung verstehen. Natürlich hat die Möglichkeit der Selbstvernichtung als ein spezifisch menschliches Problem von jeher die Philosophen und Theologen beschäftigt. Schließlich geht es hier um eine Wertfrage, um ein zentrales Problem der Ethik. Handelt es sich beim Suizid um einen tragischen Entschluß zur Wahrung der Menschenwürde, um eine Sünde, um ein Verbrechen, um eine Krankheit?

Das sind die wichtigsten „Wertentscheidungen", die im Laufe der Geschichte bei der Beurteilung des Suizids eine mehr oder weniger dominierende Rolle gespielt haben. In der heutigen Diskussion leben diese recht unterschiedlichen Auffassungen verständlicherweise weiter, eben weil es keine allgemein überzeugende Antwort auf die Kernfrage gibt, vielleicht nicht geben kann.

Suizidforschung im heutigen Verständnis bemüht sich seit ca. 100 Jahren um die Abklärung der Bedingungen und Voraussetzungen suizidaler Handlungen mit den Methoden der empirischen Wissenschaften, insbesondere der Psychiatrie, der Psychologie und der Sozialwissenschaften. In zahlreichen epidemiologischen Untersuchungen hat man zunächst einmal versucht, zuverlässiges statistisches Material über die Häufigkeit, die Verbreitung des Suizids in verschiedenen Länder zu sammeln. Wie die einschlägigen Veröffentlichungen der Weltgesundheits-Organisation zeigen, ist die Lösung dieser Aufgabe nur partiell gelungen. Ein differenzierter Vergleich der statistischen Befunde scheitert z.B. an unterschiedlichen Erhebungsmethoden, und in weiten Bereichen Afrikas oder Asiens fehlt es überhaupt an brauchbaren Zahlen.

Abgesehen von der Häufigkeit interessieren uns Beziehungen zwischen Suizid und Alter, sowie Geschlecht, Beruf, Familienstand, Religion, Lebensstandard, Jahreszeit, Bevölkerungsdichte, Klima, politischer Situation und nicht zuletzt die gewählte Methode der Selbstvernichtung. Derartige Beziehungen sind aber nur mit Einschränkungen, z.T. überhaupt nicht für eine international vergleichende Betrachtung brauchbar. Immerhin kann man feststellen, daß die Suizidhäufigkeit bei Männern größer als bei Frauen, im Alter größer als in der Jugend ist, daß soziale Isolierung, wirtschaftliche Krisenzeiten, politische Umstürze und das Fehlen religiöser Bindungen die Suizidrate erhöhen. Die Interpretation dieser und anderer Fakten der Statistik wird z.T. kontrovers diskutiert.

Wenn hierzulande pro Jahr ca. 14000 Menschen durch eigene Hand aus dem Leben scheiden, dann demonstriert allein diese Zahl den Ernst des Problems. Hinsichtlich der Häufigkeit der Todesursachen rangiert der Suizid an 4.–6. Stelle, bei Jugendlichen sogar an 2. Stelle nach den Verkehrsunfällen. Da uns hier und heute in erster Linie die Minderjährigen interessieren, muß betont werden, daß in der längerfristigen statistischen Betrachtung von einem dramatischen Anstieg der Suizidhäufigkeit bei Kindern und Jugendlichen in jüngster Zeit keine Rede sein kann. Das wurde mit eindeutigen Zahlen belegt. Niemand wird deswegen die große praktische Bedeutung des Suizidproblems gerade in der Kinder- und Jugendpsychiatrie relativieren oder in Frage stellen wollen.

Der Suizid war auch von jeher ein *Rechtsproblem,* dessen interessante geschichtliche Entwicklung hier nicht nachgezeichnet werden kann. Die Minderjährigen haben dabei stets eine erfreulich geringe Rolle gespielt. Es galt weithin, daß dem Unmündigen bzw. dem noch nicht Mündigen die Voraussetzungen zu verantwortlichem Handeln fehlen. Erst die professionellen Reformer unserer Tage möchten zwecks Aufweichung der tradierten Familienstruktur unter dem Schlagwort „Emanzipation" dem Unmündigen immer mehr Verantwortung zuschieben. Die natürlichen Gesetze von Entwicklung und Reife werden dabei, mangels Kenntnis oder ganz bewußt, ausgeblendet.

Das römische und lombardische, später vor allem das kanonische Recht haben über Jahrhunderte die rechtliche Beurteilung des Suizids bestimmt, die zugleich eine ausgesprochen moralische Bewertung war. Zwischen Theorie und Praxis bestanden allerdings in den Anwendungsbereichen verschiedener Rechtsordnungen beträchtliche Unterschiede. Die *Rechtsfolgen des Suizids,* vor allem die teilweise oder vollständige Vermögenskonfiskation, waren für so manchen Gesetz- und Verordnungsgeber offenbar wichtiger als der Suizid selbst. In Frankreich hat die Nationalversammlung 1790 die Strafe der Vermögenskonfiskation und des ehrlosen Begräbnisses aufgehoben. Die Strafbarkeit des Suizidversuchs wurde in Preußen 1796, in Bayern 1813, in England erst 1961 aus dem Gesetz gestrichen.

Für den rechtshistorischen Laien ist der Eindruck bestimmend, das in früheren Jahrhunderten der Suizid in erster Linie ein Problem des Strafrechts – mit starken moralischen Implikationen – gewesen ist. Dies ist hierzulande längst nicht mehr der Fall. In der heutigen Diskussion der Strafjuristen geht es vorwiegend um das *Umfeld des Suizids,* um Fragen wie Anstiftung, Beihilfe, Mitwirkung, Nichtverhinderung sowie Grenzfragen gegenüber der passiven Euthanasie und der Tötung auf Verlangen.

Darüber hinaus ist der Suizid im Krankenhaus als Problem des Haftungsrechts ein überraschend aktuelles Thema für den Psychiater geworden. Die Beurteilung des Suizids im Recht der privaten Lebensversicherung bereitet dem ärztlichen Gutachter durch ihre Bindung an eine überholte gesetzliche Terminologie gelegentlich erhebliche Schwierigkeiten und kann allein deswegen zu Fehlentscheidungen führen. Im Zeitalter der Kostendämpfung und der unvermeidlichen Sparmaßnahmen sollte auch die neue Bewertung der Folgen eines Suizidversuchs im Arbeitsrecht dem Arzt bekannt sein. – Zu diesen recht unterschiedlichen Rechtsfragen einige Anmerkungen.

Hinsichtlich der manchmal etwas verwirrenden *Terminologie* sei zunächst klargestellt, daß hier bevorzugt der international gebräuchliche Begriff „Suizid" benutzt wird. Das Fremdwort sollte man in diesem Zusammenhang in Kauf nehmen, weil die im Deutschen geläufigen Begriffe „Selbstmord" und „Freitod" bereits eine Wertung enthalten und insoweit zur Vorurteilsbildung verführen. Auch wenn man kein Freund der verkrampften Wertneutralität und der Verniedlichungstendenz in der neu-deutschen Strafrechtssprache ist, kann nicht übersehen werden, daß beim Suizid – abgesehen vom fehlenden Tatbestand – die qualifizierenden Mordmerkmale des § 211 StGB in der Regel fehlen und daß die überwiegende Zahl versuchter oder vollendeter Suizide durchaus nicht auf einem „freien" Willensentschluß beruhen.

Die Tötungstatbestände unseres Strafrechts beziehen sich eindeutig auf die Tötung eines anderen Menschen. Der Suizid ist der einzige Tötungsakt, bei dem Täter und Opfer identisch sind. Die Selbsttötung ist also kein strafrechtlicher Tatbestand und insoweit straflos. Das wurde bereits vom Reichsgericht festgestellt und vom Bundesgerichtshof (BGHSt. *2*, 152) bestätigt. Deshalb kann auch der Suizidversuch und – nach weithin herrschender Meinung – die Teilnahme an der Selbsttötung als solche strafrechtlich nicht verfolgt werden (BGHSt. *6*, 154). Das deutsche Strafrecht kennt keinen besonderen Tatbestand für den Suizidversuch, wie in England bis 1961, auch nicht für die Verleitung oder für die Beihilfe zum Suizid, wie in der Schweiz und in Österreich.

Die Straflosigkeit der Teilnahme gilt aber nicht ohne Einschränkung, was gerade der Arzt wissen muß, weil er dadurch vor schwierige Entscheidungen gestellt werden kann. Voraussetzung ist die *freiverantwortliche Willensentscheidung* des Suizidenten, über die natürlich auch erfahrene Psychiater im konkreten Fall durchaus geteilter Meinung sein können. Bei *Kindern und Jugendlichen* wird nach BGHSt. *19*, 135 die Freiverantwortlichkeit in der Regel zu verneinen sein. In dem Urteil geht es um ein 16jähriges Mädchen. Nach heutiger Rechtspraxis wird man sich aber hüten, darin eine verbindliche Regelung in allen Fällen noch nicht erreichter Volljährigkeit zu sehen. Man kann auch nicht wissen, wie die Situation bei einem 19jährigen beurteilt würde, obwohl er nach altem Recht als noch nicht mündig anzusehen wäre und er es unter reifungsbiologischen Gesichtspunkten tatsächlich auch nicht ist bzw. war. Wie schwierig die Beweisführung in solchen Fällen sein kann, braucht in diesem Kreis nicht besonders betont zu werden.

Mit dem Begriff der Freiverantwortlichkeit stehen wir vor der alten Frage nach der *Willensfreiheit,* die zwar im Strafrecht nicht gelöst, aber doch weitgehend unter Gesichtspunkten der Praktikabilität entschärft wurde. Wenn es um die Schuldfähigkeit geht, bleiben heute dem psychiatrischen Sachverständigen Ausführungen über die Willensfreiheit erspart. Es geht nicht mehr um die „Freiheit", sondern nur noch um die Bedingungen der Möglichkeit von „Unfreiheit". Erfreulicherweise braucht sich der Gutachter auch nicht über die Erreichbarkeit der jetzt gültigen Ziele des Vollzugs einer vom Richter verhängten Freiheitsstrafe zu äußern. Er käme in unlösbare Schwierigkeiten, wenn er im Strafverfahren die Voraussetzungen aufgehobener oder verminderter Schuldfähigkeit verneint hätte und anschließend zur Möglichkeit und Notwendigkeit einer Sozialisierung oder Resozialisierung als alleinigem Vollzugsziel (§ 2 StrafvollzG) Stellung nehmen müßte. In Fällen wie *Vera Brühne* oder *Ingrid van Bergen* könnte der psychiatrisch-psychologische Sachverständige im Hinblick auf die neue Zweckbestimmung des Strafvollzugs lediglich das Fehlen jeder Voraussetzung für den Vollzug der verhängten Freiheitsstrafe bestätigen.

Der Jurist, der mehrere Psychiater nach der Freiverantwortlichkeit eines Suizidenten befragt, wird mit recht unterschiedlichen Antworten rechnen müssen. Z.Zt. ist die Meinung sehr verbreitet, daß der Suizid so gut wie immer aus pathologischen Motiven durchgeführt oder versucht wird (vgl. *Dubitscher, Ringel*). Dem widersprechen etwa *Pohlmeier,* vor allem Versicherungsmediziner (z.B. *Raestrup*) im Blick auf die statistischen Daten der Lebensversicherung. Die konsequenten Vertreter der erstgenannten Meinung stützen sich auf eine mehr oder weniger große Zahl von Begutachtungen. Meines Erachtens übersehen sie dabei, das die uns zur Begutachtung zugewiesenen Fälle bereits eine bestimmte Auslese darstellen. Der „echte Freitod" kommt wahrscheinlich viel seltener zur Begutachtung als krankhaft bedingte Suizide, jedenfalls unter strafrechtlichen oder sozialrechtlichen Gesichtspunkten. In der privaten Lebensversicherung ist die Situation anders, hier sind aber die Anforderungen an die Feststellung von Krankhaftigkeit wesentlich höher, und gerade deswegen problematisch.

Es geht bei dieser Fragestellung vor allem um den *Krankheitsbegriff,* der nicht nur unter Psychiatern strittig ist, sondern auch in den verschiedenen Bereichen unserer Rechtsordnung unterschiedlich definiert wird. Ein enger und strenger Krankheitsbegriff gilt noch heute in der Privatversicherung. Wenn es zutrifft, daß 3–7% aller Todesfälle in der *Lebensversicherung* Selbsttötungen sind, dann bedeutet das für den Versicherer ein immerhin beachtliches Risiko. Nach § 169 VVG besteht bei Suizid nur dann Leistungspflicht, wenn die Tat in einem die freie Willensbestimmung ausschließenden Zustand krankhafter Störung der Geistestätigkeit begangen worden ist. Die Bestimmung wurde aus § 104 BGB übernommen, ist jetzt also 80 Jahre alt. Der damit gegebene Beurteilungsspielraum ist sehr eng, es stehen nur hirnorganische Erkrankungen oder Defekte sowie endogene oder exogene Psychosen zur Diskussion. So erklärt sich auch die Feststellung, daß unter den Suizidenten in der Lebensversicherung nur 10–20% Geisteskranke zu finden seien. So niedrig ist aber die Zahl der pathologisch-motivierten Suizide sicher nicht. Zumindest die relativ häufigen depressiven Verstimmungszustände müßten hier eine adäquatere Berücksichtigung finden, auch wenn sie diagnostisch schwer faßbar sind.

Auf der anderen Seite demonstriert uns die Entwicklung im *Sozialrecht* eine geradezu beängstigende Vernebelung und Ausweitung des Krankheitsbegriffs, die zweifellos bei einem nach wirtschaftlichen Gesichtspunkten arbeitenden Privatunternehmen schon längst zum Bankrott geführt hätte. Nach der Rechtsprechung des Bundessozialgerichts können heute sowohl zerebrale Krampfkrankheiten und schizophrene Psychosen wie auch Alkoholismus und Drogenabhängigkeit oder neurotische bzw. psychosoziale Verhaltensstörungen als Krankheit im sozialrechtlichen Sinn aufgefaßt werden.

Im *Strafrecht* sind wir noch nicht so weit, aber die Auseinandersetzungen im Zusammenhang mit der jüngsten Strafrechtsreform zeigen, daß die Entwicklung in die gleiche Richtung geht. Trotz aller Bemühungen ist es nicht gelungen, das so beargwöhnte Schuldstrafrecht endgültig zu den Akten zu legen. Für so manchen Strafjuristen ist der Schuldbegriff zum unverdaulichen Brocken geworden, von dem man nur nicht weiß, wie man ihn loswerden kann.

Die Neuformulierung der sog. biologischen Voraussetzungen aufgehobener oder erheblich verminderter Schuldfähigkeit ist sicher nicht optimal, aber man kann in der Praxis durchaus damit auskommen. Der gewiß nicht sympathische Begriff der „schweren anderen seelischen Abartigkeit" wurde mangels eines besseren und zugleich systematisch passenden Vorschlags übernommen. In seinem sachlichen Gehalt schafft er jedoch den von seinen Kritikern gewünschten Spielraum in Richtung der nicht im engeren medizinischen Sinn krankhaften seelischen Störungen.

Die grundsätzliche Reform gelang erst mit dem *Strafvollzugsgesetz.* Hier endlich konnte sich das Konzept durchsetzen, nach dem delinquentes Verhalten – jenseits aller Medizin und Psychiatrie – lediglich Symptom eines Sozialisationsdefizits, einer psychosozialen Störung oder Behinderung, einer „sozialen Krankheit" ist. Deswegen Sozialisierung oder Resozialisierung als alleiniges Vollzugsziel mit der für selbstverständlich deklarierten Nebenaufgabe der Sicherung. Die kaum übersehbare Diskrepanz gegenüber dem Strafrecht, insbesondere gegenüber der dem Richter aufgetragenen Strafzumessung, wurde durch geradezu abenteuerliche Konstruktionen, wie die „Drei-Stufen-Theorie" oder die „dialektische Vereinigungstheorie", zu überbrücken versucht. Jetzt wartet man auf die Erfolge des so reformierten Strafvollzugs, die allerdings weltweit vorerst noch nicht erkennbar sind. Vor allem kann von einer „Bewährung" der sog. Sozialtherapie als via regia eines modernen Strafvollzugs keine Rede sein.

In diesem Zusammenhang darf natürlich der *Gesundheitsbegriff der Weltgesundheits-Organisation* in der Präambel ihrer Satzungen nicht fehlen. Es wird hier gesagt, Gesundheit ist ein Zustand „vollständigen körperlichen, seelischen und sozialen Wohlbefindens", nicht nur das Fehlen von Krankheit, Gebrechlichkeit oder Behinderung. Dieser Gesundheitsbegriff wird in seiner Grenzenlosigkeit immer wieder als Argumentationshilfe zur Durchsetzung konkreter Interessen mißbraucht. Man übersieht, daß es sich dabei nur um eine *Idealnorm* handeln kann, der unter den gegebenen Bedingungen möglichst nahezukommen, das Ziel aller realistischen Bemühungen in einer Welt voller Insuffizienzen und Widerstände ist.

Projiziert man das über den Gesundheits- bzw. Krankheitsbegriff gesagte auf die *Situation des Suizidenten vor der Tat,* so wird die ganze Fragwürdigkeit der stets nachträglichen Diskussion über das mehr oder weniger krankhafte Suizidmotiv deutlich. Ausgenommen natürlich die 10–20% der Fälle in der Lebensversicherung, bei denen unter den angegebenen Kriterien der krankhafte Hintergrund als weitgehend gesichert unterstellt werden kann. Die eigentliche Problematik liegt bei den verbleibenden 80%. Niemand wird behaupten, daß ein Mensch im Zustand vollständigen körperlichen, seelischen und sozialen Wohlbefindens Suizid begeht. Es bleibt die schwierige und nur im konkreten Einzelfall zu klärende Aufgabe, ob, wieweit und wodurch die Willensentschließungsfreiheit bzw. die Freiverantwortlichkeit beeinträchtigt war.

Der Entschluß zum Suizid hat eine meist längere Vorgeschichte, in deren Verlauf bestimmte Manifestationsformen des *„präsuizidalen Syndroms"* mehr oder weniger deutlich werden. Gerade bei Jugendlichen gilt es, diese „Signale" rechtzeitig zu perzipieren. Das jeden Suizid begründende Motiv, im Rahmen der Normalpsychologie und jenseits aller Pathologie, kann, aber muß nicht die Freiverantwortlichkeit beeinträchtigen. Persönlich bin ich der Meinung, daß es den viel zitierten „Bilanz-Selbstmord" sehr wohl gibt, wenn er auch nicht gerade häufig vorkommt. Wir haben dafür eine ganze Reihe eindrucksvoller Beispiele aus alter und neuer Zeit, bis hin zu *Jean Améry,* der die These vom „Freitod" nicht nur theoretisch, sondern „in letzter Konsequenz" vertreten hat.

Für den Arzt, aber nicht nur für ihn, kann die *Nichtverhinderung eines Suizids,* das Geschehenlassen einer Selbsttötung zum Vorwurf der unterlassenen Hilfeleistung und damit zur Bestrafung wegen eines Unterlassungsdelikts führen. Lehre und Rechtsprechung haben sich sehr eingehend und z.T. kontrovers mit diesem Thema befaßt. Mit der Übernahme der Behandlung eines Patienten wird der Arzt zum „Lebensschutzgaranten", was bestimmte rechtliche Konsequenzen hat, die den meisten Ärzten kaum so ganz bewußt sein dürften. Unproblematisch ist die rechtliche Situation etwa bei einem depressiven Patienten, den der Arzt kennt, vielleicht weiß er auch von gelegentlichen Suizidtendenzen. Hier wird sich der Arzt selbstverständlich bemühen, den Suizidversuch nach Möglichkeit zu verhüten, und wenn es doch dazu gekommen ist, wird er alle erforderlichen Hilfsmaßnahmen ergreifen. Das gilt in jedem Fall erkennbar fehlender Freiverantwortlichkeit eines Suizidenten.

Schwieriger ist die Situation beim *freiverantwortlichen Suizid,* den etwa der unheilbar Kranke beabsichtigt. Er bittet z.B. um die erforderliche Überdosis an Medikamenten und vor allem um das Unterlassen jeglicher Versuche einer Reanimation. Trotz des erwähnten Grundsatzes der Straflosigkeit der Beihilfe war die höchst richterliche Rechtsprechung in diesen Fällen unterschiedlich, insgesamt unbefriedigend. Neuerdings scheint sich eine deutlichere Respektierung des freiverantwortlichen Suizids durch Verneinung einer Verhinderungspflicht durchzusetzen (OLG Düsseldorf NJW *1973,* 2215).

Eine in der Lehre vertretene mehr liberale Position möchte das Strafrecht aus dem immer irgendwie tragischen Umfeld eines Suizid möglichst heraushalten. Nur eindeutige Fälle unterlassener Hinderung oder Hilfeleistung bei Verantwortungsunfähigkeit des Suizidenten sollten bestraft werden. Eine als „sozial" bezeichnete Position möchte dagegen die Umgebung eines Suizidkandidaten durch harte Strafdrohung zum Eingreifen und damit zur Verhinderung der Selbsttötung motivieren. Aus ärztlicher Sicht kann man solche Vorstellungen nur als wirklichkeitsfremd bezeichnen. Nach aller Erfahrung ist das Strafrecht ganz sicher kein geeignetes Mittel zur Suizidprophylaxe.

Die zeitweise lebhafte Diskussion über die Bedeutung des gewählten *Mittels zur Selbstvernichtung* für das Verständnis des Motivationshintergrundes blieb ohne Ergebnis. Gerade die traditionell gebräuchlichen und häufigen Methoden besagen in der Regel gar nichts über Motive, über Krankhaftigkeit oder über Freiverantwortlichkeit. Auch die in besonderem Maße abnorm erscheinende *Selbstverbrennung* erlaubt nach den Erfahrungen der letzten Jahre keineswegs den Schluß auf eine „Geisteskrankheit". Die Problematik von Beihilfe oder Nichtverhinderung dürfte in diesen Fällen kaum einmal auftauchen, zumindest nicht für den zufälligen Beobachter. Er hat einfach keine Zeit zu Reflektionen über Freiverantwortlichkeit, er wird zu helfen versuchen, soweit das möglich und „zumutbar" ist. Sein wie auch immer geartetes Verhalten dürfte sich wohl niemals zu einem strafrechtlichen Vorwurf verdichten.

Der so aktuell gewordene *Hungerstreik* als Methode der Selbstvernichtung erscheint dem normalen Staatsbürger kaum weniger abnorm als die Selbstverbrennung. Wie bei dieser entfällt in der Regel die Frage nach dem Motiv, das mehr oder weniger laut verkündet wird. Es geht um Demonstration, um das Setzen eines Fanals. Der „Machtinhaber", wer immer das sei, soll zu einer Konzession genötigt werden. Auch nur der leise Verdacht, daß ein solches Verhalten vielleicht mit einer psychischen Störung zusammenhängen könnte, wird empört zurückgewiesen. Unter prinzipiell rechtsstaatlichen und speziell strafrechtlichen Gesichtspunkten erscheint die Situation denkbar klar. Trotzdem wurde darüber erstaunlich viel geredet und geschrieben. Hier interessiert nur die Frage nach der Verpflichtung des Arztes zur Hilfeleistung, insbesondere zur *Zwangsernährung,* in diesen Fällen. Trotz der verschwommenen Bestimmung des § 101 StrafvollzG ist festzuhalten, das der beamtete oder nicht beamtete Arzt gegen den Willen des Delinquenten-Patienten zu einer Zwangsbehandlung gleich welcher Art nicht verpflichtet ist. Diese Situation ändert sich erst dann, wenn der Delinquent-Patient *erkennbar* seinen Entschluß geändert hat. Zu diesem Thema wäre u.a. auf die Erklärung des Welt-Ärztebundes in Tokio 1975 zu verweisen.

Mit der Diskussion über Beihilfe, Nichtverhinderung und unterlassener Hilfeleistung beim Suizid befinden wir uns im Grenzbereich zur *passiven Euthanasie,* zur Sterbehilfe durch Sterbenlassen, durch den Verzicht auf eine vielleicht mögliche, kurzfristige Lebensverlängerung. Es ist heute wohl weit überwiegende Meinung, daß die technisch mögliche Verlängerung der biologischen Existenz noch nicht „an sich" gut, wertvoll und erstrebenswert zu sein braucht. Die Postulierung einer ethischen oder gar rechtlichen Pflicht des Arztes zu „künstlicher" Lebens- und Leidensverlängerung „um jeden Preis" ist weder biologisch noch moralisch zu begründen und zu verantworten. Der Arzt muß um das Recht eines jeden Menschen auf einen natürlichen und ihm gemäßen Tod wissen, er muß die Grenzen des Lebens achten. Auch im Sterben ist die von der Verfassung geschützte Würde des Menschen (Art. 1 GG) unantastbar.

Wenn der Arzt Maßnahmen zur Lebensverlängerung bei einem Sterbenden unterläßt, weil er sie für sinnlos und für unzumutbar hält, so macht er sich – im Prinzip – eines unechten Unterlassungsdeliktes schuldig, und er haftet nach Maßgabe des § 13 StGB in gleicher Weise für den Tod des Patienten, als wenn er ihn durch ein bestimmtes Tun im Sinne der aktiven oder direkten Euthanasie getötet hätte. Daraus könnte dann ein Strafverfahren wegen unterlassener Hilfeleistung oder gar wegen Tötung durch Unterlassen werden.

Noch sind derartige Prozesse hierzulande nicht gerade üblich, zumal die *grundsätzliche Zulässigkeit der passiven Euthanasie* nach der bei den Juristen z.Zt. herrschenden Lehrmeinung nicht mehr bestritten wird. Über Umfang und Begrenzung der Pflicht des Arztes zu lebensverlängernder Behandlung bei einem Sterbenden gehen allerdings die Meinungen nach wie vor ziemlich weit auseinander. Rechtlich vertretbare Kriterien für die Grenzbestimmung lassen sich eigentlich nur in einer so abstrakten Form umreißen, daß die Vielzahl der Fälle und Fallkonstellationen, der wir in der Wirklichkeit begegnen, in ein solches Schema nun einmal nicht paßt.

Beihilfe zum Suizid und passive Euthanasie sind – nicht nur rechtlich – etwas anderes als eine *Tötung auf Verlangen.* Von der Motivation her gesehen kann man diesen Tötungsmodus mit den sonstigen Tötungstatbeständen des Strafrechts nicht vergleichen. In dem geltenden § 216 StGB ist dieses Delikt mit Freiheitsstrafe von 6 Monaten bis zu 5 Jahren bedroht. Die früher vorgeschriebene Mindeststrafe von 2 Jahren wurde also erheblich gemildert. Daneben sind noch die beträchtlich erweiterten Möglichkeiten einer Strafaussetzung zur Bewährung gem. § 56 StGB zu beachten.

Die Bejahung der Möglichkeit und des Vorkommens von echtem „Freitod" oder „Bilanz-Selbstmord", wie auch die Anerkennung der passiven Sterbehilfe, führen zu dem neuerdings auch bei uns wieder lebhaft diskutierten *Recht auf den persönlichen Tod* als Grundrecht des Menschen. Durch die Verknüpfung dieser weniger den Suizid als die freiwillige Euthanasie betreffenden Frage mit der einer rechtlich mehr oder weniger kanalisierten „Vernichtung lebensunwerten Lebens“ ist eine beträchtliche Verwirrung entstanden. Die Euthanasie-Aktionen der Nazizeit hatten aber mit diesem „Recht auf den persönlichen Tod“ gar nichts zu tun. Zur Vermeidung von Mißverständnissen in dieser Diskussion muß man sich bewußt sein, daß es nach unserer Rechtsordnung weder ein „Recht auf den Tod“ noch einen Anspruch auf „Tötungshilfe“ gibt. Damit ist natürlich noch nichts darüber gesagt, ob und wie man ggfs. die strafrechtliche Wertung einer Tötung auf Verlangen variieren könnte und sollte. Die Konstituierung eines „Rechts auf den Tod“ und die ersatzlose Streichung des § 216 StGB wird aber, soweit ich sehe, in unserer Rechtswissenschaft von keiner Seite befürwortet.

Wie oben erwähnt, spielt die Suizidproblematik in fast allen Rechtsbereichen eine größere oder geringere Rolle. Verzichtet wird hier auf eine Erörterung der Beurteilung des Suizids in den verschiedenen Zweigen der *Sozialversicherung.* Sie würde viel Raum beanspruchen und ist für den Arzt wenig ergiebig. Die Rechtsprechung hat hier für die meisten Fälle praktisch gangbare Wege der Lösung vorgezeichnet, die dem ärztlichen Gutachter seine Aufgabe erleichtern, soweit er überhaupt als solcher eingeschaltet wird. Natürlich kann man unter sozialpolitischen und rechtstheoretischen Gesichtspunkten über bestimmte Regelungen geteilter Meinung sein. Sie spielen aber im Gesamt der Sozialversicherung rein zahlenmäßig eine so bescheidene Rolle, daß man eine evtl. zu monierende „Großzügigkeit“ in einzelnen Fällen durchaus tolerieren kann.

Im *Arbeitsrecht* galt bisher, daß für die Zeit der Arbeitsunfähigkeit nach einem mißglückten Suizidversuch keine Verpflichtung des Arbeitgebers zur *Lohnfortzahlung* besteht. Das Bundesarbeitsgericht hat mit Urteil vom 28.2.1979 (AP Nr. 44 zu § 1 LohnFG) seine bisher vertretene Auffassung revidiert. Es heißt jetzt: „Der Arbeitgeber ist in aller Regel auch dann zur Lohnfortzahlung verpflichtet, wenn die Arbeitsunfähigkeit des Arbeiters die Folge eines mißglückten Selbsttötungsversuchs ist.“ Dem Arzt könnte diese problematische Entscheidung gleichgültig sein, weil er gar nicht gefragt ist. Das Bundesarbeitsgericht hat offenbar nicht in Erwägung gezogen, daß ein solcher Suizidversuch, auch rein demonstrativ gemeint gewesen sein könnte, daß künftig ein rechtlich versierter Arbeitnehmer einen Suizidversuch inszeniert, lediglich um 3 oder 4 Wochen bezahlten Urlaub herauszuschlagen. Das Gericht unterstellt, daß bei Suizidhandlungen die freie Willensbestimmung, wenn nicht ausgeschlossen, so doch in der Regel zumindest erheblich gemindert ist. Die langen und weitgehend zutreffenden Ausführungen des Urteils über den Suizid ändern nichts an dem Ergebnis, durch das der demonstrative, konkret zweckgerichtete Suizidversuch geradezu provoziert wird.

Schließlich und zuletzt noch ein Blick auf das zivile *Haftungsrecht.* Zwei obergerichtliche Urteile aus der jüngsten Zeit haben vor allem in Kreisen der Krankenhaus-Psychiater zu lebhaften Diskussionen darüber geführt, ob und wieweit eine „offene Behandlung“ von depressiven Patienten im Krankenhaus überhaupt noch vertretbar ist. Anlaß der Auseinandersetzungen ist ein Urteil des OLG Frankfurt/ Main vom 5.5.1975, bestätigt durch Beschluß des BGH vom 6.12.1977, und ein Urteil des Bayerischen Obersten Landesgerichts vom 28.4.1980.

Im ersten Fall hat eine depressive Patientin, die in medikamentöser Behandlung stand, einen Ausgang zu einem weiteren Suizidversuch benutzt. Sie warf sich vor einen Zug und wurde dabei schwer verletzt. In dem zweiten Fall handelt es sich ebenfalls um eine Patientin mit einer endogenen Depression, die sich auf dem

Wachsaal eines Psychiatrischen Krankenhauses befand. Das Bett der Patientin stand nicht im Blickfeld der wachhabenden Schwester. Die Patientin schlug eine Fensterscheibe ein und sprang in den Hof, wobei sie sich schwere Verletzungen zufügte, die zu einer Querschnittslähmung führten.

In beiden Fällen wurde der Krankenhausträger zu Schadensersatz verurteilt, weil der Verpflichtung zu hinreichender Aufsicht und Sorgfalt nicht genüge getan worden sei. Einen ganz analogen Fall hat der BGH (II ZR 40/53) bereits am 30.5.1953 mit dem gleichen Ergebnis entschieden (Das Krankenhaus *1953,* 374). Es handelte sich um einen schwer psychotischen Patienten, der sich auf dem Wachsaal die Decke über den Kopf zog, sich dabei die Augen ausbohrte, einen Finger abbiß und den Penis strangulierte.

Die „Deutsche Gesellschaft für Psychiatrie und Nervenheilkunde“ äußerte sich in einer Stellungnahme (Nervenarzt *51* (1980) 573) ausführlich und kritisch zu dem Frankfurter Urteil. Dabei geht es weniger um die rechtliche Beurteilung, die als solche auch kaum angreifbar sein dürfte, sondern um die diesem Urteil zugrundeliegende Meinung des vom Gericht bestellten psychiatrischen Sachverständigen. Er geht davon aus, daß bei endogenen Depressionen grundsätzlich mit einer Suizidgefährdung zu rechnen sei und eine entsprechende medikamentöse Therapie zwar in etwa 7–10 Tagen zu einer erkennbaren Beeinflußung des Zustandsbildes führe, in der Regel würde aber die Krankheitsphase erst nach mehreren Wochen der Behandlung voll kompensiert. Die Schlußfolgerung des Gerichts: Wenn dem so ist, dann muß eben der Patient, vor allem wenn er schon einen oder mehrere Suizidversuche gemacht hat, über eine entsprechend lange Zeit unter ständiger Aufsicht, d.h. in praxi auf einer geschlossenen Abteilung verwahrt werden. Die Konsequenz wäre, daß die relativ große Zahl depressiver Patienten in psychiatrischen Krankenhäusern stets über mehrere Wochen unter dauernder Überwachung in geschlossenen Abteilungen gehalten werden müßte.

Dagegen wendet sich mit Recht die Argumentation der Psychiater. Zunächst einmal bietet auch die geschlossene und streng überwachte Abteilung keine Garantie gegen einen Suizidversuch, wie etwa der erwähnte Fall des BGH-Urteils von 1953 demonstriert. Auch auf streng überwachten Stationen kann es immer wieder einmal zu einer Selbstbeschädigung bzw. einem Suizid kommen.

Weiterhin ist es allgemeine klinische Erfahrung, daß eine weitgehende Öffnung psychiatrischer Stationen durchaus nicht mit einem automatischen Ansteigen der Suizidversuche verbunden ist. Manche Patienten können ihre, trotz sachgerechter Behandlung weiter bestehenden Suizidabsichten über längere Zeit ausgezeichnet kaschieren und sie benutzen dann die nächste Gelegenheit, um es doch zu versuchen. Die Wachstation ist außerdem für viele depressive Patienten, die ja nicht „geisteskrank“ sind, eine schwere psychische Belastung. Der Arzt wird also bei diesen Patienten immer wieder vor die schwierige Frage des Risikos auf der einen Seite und des therapeutischen Gewinns auf der anderen Seite bei der Lockerung der Unterbringung gestellt. Seine Entscheidung kann sich eigentlich nie auf absolute Gewißheit stützen.

Ganz allgemein und mit guten Gründen dominiert in der heutigen Psychiatrie die Tendenz zur *„offenen Tür“*, zur ambulanten, zur gemeindenahen Behandlung. Bis auf gewisse Anti-Psychiater und professionelle Psychiatrie-Reformer weiß natürlich der erfahrene Psychiater, daß man in absehbarer Zeit weder auf psychiatrische Krankenhäuser noch auf geschlossene Abteilungen ganz verzichten kann. Von diesen Problemen der gesamten psychiatrischen Versorgung werden aber die in Rede stehenden depressiven Patienten am wenigsten berührt. Hier ist es die stets schwierige und immer fragwürdige Entscheidung im Einzelfall, die dem Arzt niemand abnehmen kann. Es wäre aber höchst bedenklich, wenn jetzt in der Folge der genannten Gerichtsurteile die Krankenhausträger ihre Ärzte verpflichten würden, alle derartige Patienten unter strengen Sicherheitsbedingungen zu verwahren. Die Ärzte kämen damit in einen schwerwiegenden Konflikt, weil sie ein solches Vorgehen gegenüber ihren Patienten nicht verantworten könnten. Das jedem ärztlichen Tun immanente Risiko ist eine besonders akzentuierte Erscheinungsform der insecuritas humana im philosophisch-anthropologischen Sinn, was bei allen rechtlichen Regelungen das Verhältnis von Arzt und Patient betreffend angemessen berücksichtigt werden muß.

Literatur

Achté, K.; Lönnqvist, J. (eds.): Suicide Research. Psychiatria Fennica, Suppl., Helsinki 1976
Amelunxen, Cl.: Der Selbstmord. Hamburg 1962
Améry, J.: Hand an sich legen. Klett-Cotta, Stuttgart 1976
Baden, H.J.: Literatur und Selbstmord. Stuttgart 1965
Baechler, J.: Tod durch eigene Hand. Berlin 1981
Böcker, F.: Suizide und Suizidversuche. Stuttgart 1973
Brooke, E.M. (ed.): Suicide and Attempted Suicide. (WHO-Publ. Health Papers No. 58), Geneva 1974
Camus, A.: Der Mythos von Sisyphos. Hamburg 1962
Dubitscher, F.: Suicid. Stuttgart 1957
Durkheim, E.: Der Selbstmord. Neuwied 1973
Ehrhardt, H.: Euthanasie und Vernichtung „lebensunwerten" Lebens. Stuttgart 1965
Eser, A. (Hrsg.): Suizid und Euthanasie. Stuttgart 1976
Fletcher, J.F.: Morals and Medicine. London 1955
Gruhle, H.W.: Selbstmord. Leipzig 1940
Menninger, K.: Selbstzerstörung. Psychoanalyse des Selbstmords. Frankfurt 1974
Pohlmeier, H.: Depression und Selbstmord. Bonn 1980
Raestrup, O.: Selbstmordproblematik. Lebensvers. Med. 34 (1982) 146
Ringel, E.: Selbstmord. In: Hdwb. d. Kriminologie. (Hrsg.: R. Sieverts u. H.J. Schneider), 2. Aufl., Bd. III, Berlin 1975
Rost, H.: Bibliographie des Selbstmordes. Augsburg 1927
Sainsbury, P.: Suicide and Attempted Suicide. In: Psychiatrie der Gegenwart (Hrsg.: Kisker, Meyer, Müller, Strömgren), 2. Auflage, Bd. III, Berlin 1975
Simson, G., Geerds, F.: Straftaten gegen die Person und Sittlichkeitsdelikte. München 1969
Stengel, E.: Selbstmord und Selbstmordversuch. Ffm. 1969
Walter, F.: Die Euthanasie und die Heiligkeit des Lebens. München 1935
Weichbrodt, R.: Der Selbstmord. Basel 1937
Wellhöfer, P.R.: Selbstmord und Selbstmordversuch. Stuttgart 1981
Williams, G.L.: The Sanctity of Life and the Criminal Law. London 1958
Zwingmann, Chr.: Selbstvernichtung. Ffm. 1965

Vordergründige Motive und langfristige Tendenzen zum Suizid bei Kindern und Jugendlichen

Volker Mansmann u. Klaus Schenck

Zusammenfassung

Die Untersuchung 85 Jugendlicher (22 Jungen und 63 Mädchen vorwiegend im Alter zwischen 14 und 18 Jahren) wurde unter der Zielsetzung durchgeführt zu erfahren, was in ihnen vorgeht, wenn sie einen Suizidversuch unternehmen. Die Frage nach den Motiven wird im Zusammenhang mit wesentlichen Ereignissen und Bedingungen ihrer Lebensgeschichte gesehen.

Die Patienten waren in den Jahren 1975–1978 stationär behandelt worden. Konflikte im Elternhaus dominierten mit 87%. Selbstwertprobleme wurden zu 70% angetroffen. Sexuelle Konflikte und schulische Versäumnisse wurden als weitere „nicht-personale Konflikte" ermittelt.

Bei 2/3 der Patienten konnten chronisch emotionale Beziehungsstörungen, meist seit früher Kindheit nachgewiesen werden, häufig verbunden mit Selbstwertproblemen, Leistungsversagen und Ängsten. Psychosomatische Beschwerden waren bei etwa 60% der Patienten, vor allem bei den Mädchen zu finden. Mehr als 1/3 aller suizidalen Patienten lebte in einem unvollständigen Elternhaus; eine zerrüttete Ehe wurde in 40% der Familien festgestellt. Nur 7% der Patienten waren Einzelkinder, in 45% bestanden Beziehungsstörungen mit den Geschwistern.

Probleme der Prävention von suizidalen Handlungen werden eingehend diskutiert.

Untersuchungsmaterial

Wir haben unsere Untersuchungen auf die stationär beobachteten und behandelten Kinder unserer Abteilung beschränkt, weil dieses Patientenkollektiv für eine verläßliche Aussage besonders geeignet erscheint.

Dabei sei darauf hingewiesen, daß die Untersuchung nicht mit ambulanten Patienten vergleichbar scheint, da der Aufnahme- und Zuweisungsmodus unserer Abteilung einen selektionierenden Einfluß ausübt. Die Patienten zeigten in der Regel schwerwiegende Verhaltensstörungen.

Zunächst einige allgemeine Daten: Es handelt sich um 85 Jugendliche, davon 22 Jungen und 63 Mädchen, die in den Jahren 1975 bis 1978 in der Abteilung für Kinder- und Jugendpsychiatrie der Universitätskliniken in Homburg/Saar stationär behandelt wurden. Die Patienten waren schwer suizidal und benötigten eine längere stationäre Therapie, die leider nicht in allen Fällen durchgeführt werden konnte. Insgesamt wurden pro Patient 250 Variablen untersucht. In der Regel waren die Patienten zwischen 14 und 18 Jahren alt. Im Altersvergleich zwischen Jungen und Mädchen waren Mädchen bereits 2 Jahre früher suizidgefährdet (Abb. 1).

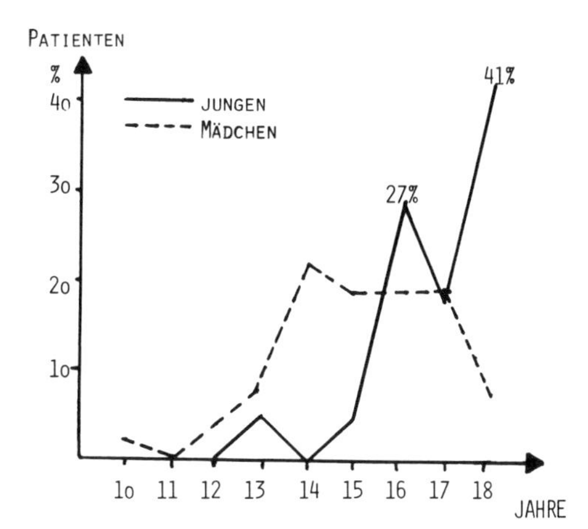

Abb. 1 Vergleich: Jungen – Mädchen

In der Verteilung nach sozialen Schichten, die nach einem Punktesystem bewertet wurde, zeigte sich eine ausgeglichene Verteilung ähnlich einer Gauß'schen Kurve. Es standen also weder einzelne Bevölkerungsschichten noch Randgruppen unserer Gesellschaft im Mittelpunkt des Patientenkollektivs.

Mehrfache Suizidversuche hatten bereits 45% unserer Patienten überstanden. Dies deutet auf eine getrübte Prognose hin.

Auf die äußeren Umstände soll nur kurz eingegangen werden, da darüber bereits genügend Untersuchungen in der Literatur zu finden sind. Tabletten wurden in 68% benutzt. Gift, Gas und sonstige meist gewaltsame Methoden wurden in 12% angewandt, das Öffnen von Pulsadern, übrigens nur bei Mädchen, in 21%.

Die Monatsverteilung zeigte deutliche Gipfel an Weihnachten, Ostern und im Herbst. Im Ferienmonat Juli wurde nur höchst selten ein Suizidversuch unternommen. Obwohl die Mehrzahl der Patienten Schüler waren, konnte keine Korrelation zu den Zeugnisausgaben, also im Monat Februar und Juli, festgestellt werden. Auffälligerweise zeigten sich gerade in diesen Monaten die niedrigsten Häufigkeiten. Dies bestätigt unsere Vermutung, daß nicht die Schule der so häufig in der Presse zitierte Hauptgrund für Suizidversuche von Jugendlichen ist.

In unserer Untersuchung wurde eine ernstgemeinte Selbstmorddrohung vor dem Erst-Suizidversuch in 19% erkannt, bei Rezidiven hingegen bereits in 35%.

Ein Faktor erscheint besonders gravierend: Selbstmordvorbilder im engsten Bekannten- und Verwandtenkreis in 21%. Das Vorbild der Erwachsenen stellt einen sehr bedeutenden Faktor dar. Für die Jugendlichen bietet sich der Suizid als eine von der Familie legitimierte Lösungsstrategie für jegliche Probleme an.

Ort des Suizidversuches war in der Hälfte aller Fälle das Elternhaus (47%). Allerdings zeigte sich eine Tendenz, bei Rezidiven den Suizidversuch außerhalb des Elternhauses auszuführen; in einem Versteck im Wald nur in 4%.

Wir versuchten eine Beurteilung des Suizidversuches nach Impulshandlung oder Bilanzselbstmord. Als Impulshandlung schätzten wir ihn in 61% ein, in 27% schien er ernsthafter und von längerer Hand geplant, in 11% war keine klare Zuordnung möglich.

Vordergründige Motive

Es erschien wichtig, personale Konflikte in wesentlichen Beziehungen der Patienten von nicht-personalen Konflikten zu trennen. Meist standen diese personalen Beziehungsstörungen ganz im Vordergrund.

Hervorzuheben sind die Konflikte im Elternhaus, die mit 87% eindeutig dominierten. Über die Hälfte der Patienten fanden auch in gleichaltrigen Freundschaften keinen Halt. Personale Konflikte in der Schule oder am Arbeitsplatz waren hingegen weitaus seltener (Tab. 1).

Tabelle 1 Personale Konflikte

Konflikte mit den Eltern	87%
Heimweh	12%
Konflikte mit den Freunden	53%
Liebeskummer	45%
Personale Konflikte	
In der Schule	17%
In der Arbeitswelt	18%

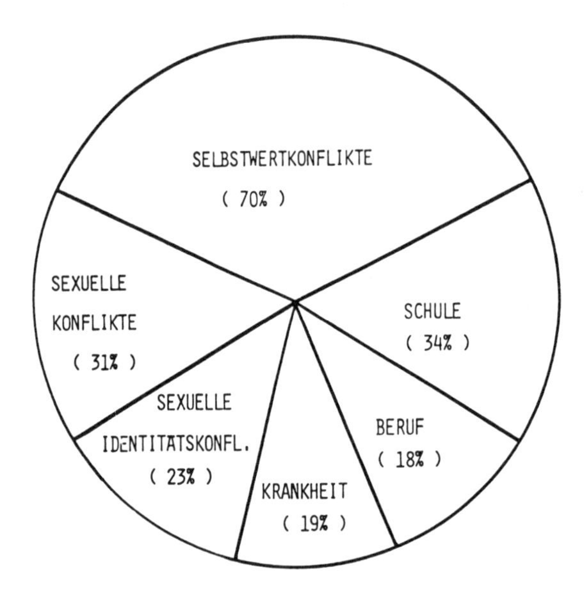

Abb. 2 Nicht-personale Konfliktbereiche

Verstärkend spielten nicht-personale Konflikte eine ebenfalls wichtige Rolle (Abb. 2). Selbstwertprobleme wurden in einem sehr hohen Prozentsatz unserer Jugendlichen angetroffen. Der Zusammenhang einer Beziehungsstörung vor allem zu den Eltern einerseits und Selbstwertkonflikten andererseits ist sicher unmittelbar einleuchtend. Wir alle entwickeln ein normales Selbstgefühl, ein Gefühl unseres eigenen Wertes nur in der Bindung, in der Beziehung zu den Eltern. Nicht nur Lob und Anerkennung, sondern auch vor allem Wärme und affektive Zuwendung von seiten der Eltern sind für die Entwicklung des Selbstwertgefühles unentbehrlich. Die noch ganz labile Identität des Jugendlichen kann sehr leicht ins Wanken kommen. Massive Kränkungen des Selbstwertgefühles können dann zum Suizid führen.

Neben allegemeinen sexuellen Konflikten bereitete insbesondere die Identifizierung mit der eigenen Geschlechtsrolle große Schwierigkeiten. Entsprechend der Tatsache, daß die meisten Patienten noch Schüler waren, stellten sich auch schulische Versäumnisse und Schwierigkeiten ein.

In einer eingeschränkten Studie bei 27 Patienten aus den Jahren 1977/78 versuchten wir, die Konfliktbereiche bei jedem einzelnen Patienten zu gewichten. Der zentrale Konflikt wurde als Konflikt ersten Ranges besonders herausgestellt. Wir fanden in 2/3 eine chronisch emotionale Beziehungsstörung, die in der Regel bereits seit früher Kindheit bestand. Akute emotionale Beziehungsstörungen fanden wir relativ selten, der konkrete Anlaß war meist kopfloser Liebeskummer. Auch sexuelle Konflikte und Identitätskonflikte spielten als Hauptkonflikt nur selten eine Rolle.

Bei Mädchen zeigte sich eine noch größere Häufigkeit von Konflikten mit den Eltern. Bei ihnen bestand auch eine höhere Tendenz zu Trotzreaktionen, ein deutlich ausgeprägtes Geltungsbedürfnis, eine häufigere Stimulierbarkeit durch Mitpatienten und größere Angst vor Strafen. Bei Jungen hingegen wurde eine größere Tendenz zu Verzweiflungs- und Ausweglosigkeitsgefühlen deutlich.

Bei chronisch emotionalen Beziehungsstörungen fanden wir, wie zu erwarten, weit häufiger eine Selbstwertproblematik, damit verbunden Leistungsversagen und häufig Ängste. Die erwähnten Probleme und Schwierigkeiten wurden mit der Häufigkeit der Suizidversuche immer schwerwiegender.

Verwahrlosung, Alkohol- und Drogenabusus waren in einem so hohen Prozentsatz vorhanden, daß wir dieses dissoziale Verhalten sowie psychosomatische Störungen als tendenzielle Entwicklung zum Suizid werteten (Abb. 3).

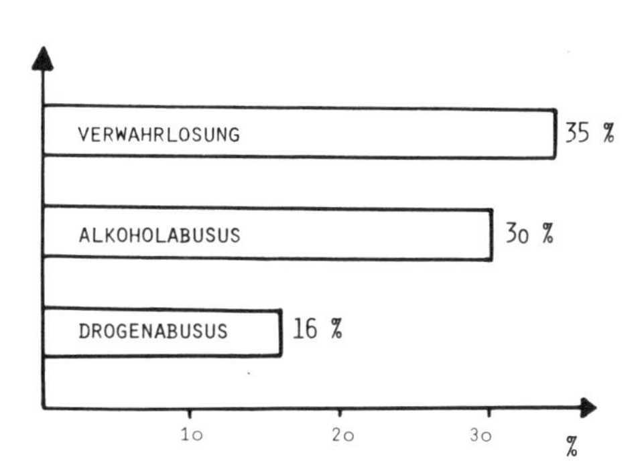

Abb. 3 Dissoziales Verhalten (42%)

Unter den psychosomatischen Störungen, die insgesamt in fast 60% auftraten, standen Kopfschmerzen mit 25% an erster Stelle. Die Mädchen zeigten einen deutlichen Vorsprung gegenüber den Jungen. Unter anderem wurden Anorexien (5%), Stottern, Schwindel, Erbrechen, Unterleibsbeschwerden, Parästhesien, psychogene Armlähmungen und Hyperventilationssyndrome, vereinzelt auch Vaginismus, Magengeschwür und Blepharospasmus beobachtet.

Ursachen

In allen Fällen mußte die Hauptaufgabe der Jugendlichen, nämlich die Ablösung von den Eltern, als besonders konfliktreich angesehen werden. Fast ebenso konfliktbeladen gestaltete sich die Einordnung in die Gruppe der Altersgleichen und die Unterordnung unter neue Autoritäten.

Übungsfeld dieser Hauptaufgaben ist ja das Elternhaus. Meist liegen hier bereits chronische emotionale Beziehungsstörungen vor. Sie sind in der überwiegenden Zahl der Fälle durch Entfremdung und haßgetönte Beziehungen charakterisiert, bei einer kleinen Anzahl von Patienten durch eine überstarke Bindung an einen Elternteil, in der jedoch ambivalente Gefühle eine wesentliche Rolle spielen.

Im einzelnen möchten wir drei Gesichtspunkte herausstellen: Die broken-home-Situation, die familiären Belastungsfaktoren und die Geschwisterproblematik.

Broken-home

Eine broken-home-Situation fanden wir bei unseren Patienten mit chronisch emotionalen Beziehungsstörungen weitaus häufiger als bei den akut emotionalen Beziehungsstörungen, die eine desto bessere Prognose hatten. In der zweiten Gruppe fand sich keine uneheliche Herkunft und keine Adoption. Allerdings war in 19% eine akute emotionale Beziehungsstörung durch den Tod eines Elternteiles zustande gekommen.

Insbesondere ist hervorzuheben, daß bei den chronisch emotionalen Beziehungsstörungen 32% aller Familien mit Ehescheidungen belastet waren. Bei 24% kam eine Wiederheirat mit entsprechenden Stiefelternteilen als weiterer Konfliktstoff hinzu. Ein Abschieben oder ein Hin- und Herschieben von Kindern, nicht nur während einer Ehescheidung, sondern auch in äußerlich vollständigen Familien, war bei 43% dieser Patienten zu registrieren. Insgesamt lebten mehr als ein Drittel aller suizidaler Patienten in einem unvollständigen Elternhaus.

Familiäre Belastungsfaktoren

Unter den familiären Belastungsfaktoren war der größte eine Ehezerrüttung, die wir in der Hälfte aller Fälle (49%) vorfanden; in der Untergruppe mit chronisch emotionalen Beziehungsstörungen sogar in 2/3 aller Fälle (65%).

Alkoholismus als ernsthaftes gesellschaftliches Problem spielt bei unserer Untersuchung in einem Viertel der Familien (24%) eine entscheidende Rolle. In 30% war die Familie durch längere Abwesenheit eines Familienangehörigen zusätzlich belastet.

Berufstätigkeit beider Eltern kam bei 26%, Arbeitslosigkeit bei 9% vor. Unter gesellschaftlicher Isolation (17%) verstanden wir eine mangelhafte Integration in gesellschaftliche und nachbarschaftliche Beziehungen.

Geschwisterproblematik

Nur 7% unserer Patienten waren Einzelkinder. Bei 56% waren vier und mehr Kinder in der Familie, Stiefgeschwister bei 14%.

Die pathologische Familiensituation trat meist nicht nur bei den Patienten in Erscheinung. Auffälligkeiten unter den Geschwistern fanden wir in 52%. Entsprechende Schwierigkeiten zwischen dem Patienten und seinen Geschwistern zeigten sich in 45%. Der Patient ist mit seiner Problematik folglich nur als Teil eines pathologischen Familiensystems zu betrachten.

Die Hauptstörung besteht somit in einer emotionalen Beziehungsstörung, verursacht durch personale Konflikte im engsten Familien- und Bekanntenkreis. Oft hatten diese emotionalen Beziehungsstörungen bereits im Säuglingsalter eingesetzt. Sie wurden dann durch weitere Ereignisse und Schwierigkeiten im Lebenslauf noch verschärft. Die Konflikte und Enttäuschungen, die aus diesen Beziehungsstörungen resultieren, sind in unseren Augen die Hauptursache für die Eskalation zum Suizidversuch.

Die ganz überragende Bedeutung, die den chronisch emotionalen Beziehungsstörungen zukommt, bestätigen moderne tiefenpsychologische Theorien, die den Selbstmord als eine im frühen Kindesalter erworbene narzißtische Störung auffassen (*Henseler* 1974).

Zur Prognose

Anhand der prognostischen Beurteilungskriterien von *Pfundtner* aus dem Jahre 1968 versuchten wir, Hinweise für eine Prognose zu gewinnen. Die Kriterien wurden nach einem Punktesystem in ihrer Wertigkeit abgestuft. Wir verglichen die Gruppe der akut emotional Beziehungsgestörten mit der Gruppe der chronisch emotional Beziehungsgestörten.

Unter den Kriterien mit negativem Einfluß befanden sich Schwierigkeiten in Ausbildung und Beruf, körperliche Krankheiten, Rezidive, Delikte und Rauschmittelabusus. Diese negativen Faktoren waren in gleicher Häufigkeit bei beiden Gruppen vertreten.

Unter den positiven Kriterien für eine Prognose wurden die Beziehungen zu Eltern und Freunden bewertet, ebenso positive Einstellungen zu Ausbildung und Beruf, zum Leben allgemein und die überzeugend bejahte Frage, ob die Patienten ein weiteres Rezidiv für ausgeschlossen halten. Die Gruppe der chronisch emotionalen Beziehungsstörungen erreichte hierbei eine deutlich geringere Punktzahl.

Eines wird somit deutlich: Die Prognose hat sich nicht an den negativen Einflüssen zu orientieren, sondern an den noch vorhandenen positiven Beziehungen und Ansätzen in der näheren Umgebung des Patienten. Fehlen diese, so scheint die Prognose höchst ungünstig.

Zur Prävention

Die Prophylaxe wird sich sehr schwierig gestalten, insbesondere da es sich in etwa 2/3 aller Fälle (61%) um Impulshandlungen ohne längere Vorbereitungsphase handelt.

Somit hat sich eine erste Prävention auf die Verhütung von Rezidiven zu konzentrieren. Eltern sollten Vorankündigungen ernstnehmen, insbesondere in Krisenzeiten wie Weihnachten und Ostern. Dabei ist zu berücksichtigen, daß Suizidversuche meist im Elternhaus stattfinden.

Leider wird es in der Regel nicht möglich sein, frühere Suizidversuche der Eltern als falsche Vorbilder psychotherapeutisch aufzuarbeiten.

Eine Generalprävention wird sich besonders auf den Kreis der Drogen- und Alkoholsüchtigen konzentrieren. Als weitere Vorläufer eines suizidalen Konfliktlösungsverhaltens sind Weglaufen aus dem Elternhaus, Verwahrlosung und erpresserische Drohungen anzusehen.

Von seiten der Gesellschaft, aber besonders von seiten der Eltern, sollte mehr Verständnis und Toleranz für die Jugendlichen aufgebracht werden. Insbesondere die Bereitschaft zur Begegnung mit den Jugendlichen in dieser Zeit ihres Entwicklungsumbruches müßte wachsen.

Auch scheint es besonders wichtig, in der Öffentlichkeit mehr Verständnis für die Bedeutung von familiären Bindungen zu wecken. Gerade in der zweiten Hälfte des ersten Lebensjahres beginnen die Kinder, Vertrauen und Kontaktfähigkeit zu erlernen. Eine konstante Beziehungsperson in dieser Phase ist von eminenter Wichtigkeit. Wir sollten uns hier das Beispiel der DDR gefallen lassen, die den Müttern einen Mutterschutz von einem Jahr gewährt.

Unsere Gesellschaft ist aufgefordert, nicht nur dieses Bewußtsein für das frühe Kindesalter zu fördern, sondern auch die Bedingungen bereitzustellen, die ein kindgemäßes Familienleben ermöglichen.

Literatur

Henseler, H.: Narzißtische Krisen, Rowohlt, Hamburg 1974

Pfundtner, G.: Katamnestische Untersuchungen zu Selbstmordversuchen im Kindesalter. Dissertation, Frankfurt 1973

Suizidale Impulse und Suizidversuche bei Schülern*

Volker Faust u. Mario Wolf**

Zusammenfassung

Im Rahmen einer Fragebogenuntersuchung an 2668 unausgewählten Jugendlichen und Heranwachsenden von Gymnasien, Real- und Gewerbeschulen gaben 38% mehr oder weniger ernsthafte Suizidphantasien an.

6% hatten bereits Vorbereitungen getroffen, 4% gaben einen Suizidversuch zu. Das weibliche Geschlecht ist fast durchweg überrepräsentiert. Das häufigste Motiv stellten Probleme mit Familie oder Freundeskreis dar, sowie Schwierigkeiten in Schule oder Beruf. Finanzielle, soziale, sexuelle oder andere Probleme spielten fast keine Rolle. Jeder zehnte Befragte gab allerdings für seinen Lebensüberdruß an, keinen faßbaren Grund nennen zu können.

Einleitung

Suizidale Impulse nehmen zu. Allein in der BRD soll sich alle 45 Minuten ein Mensch das Leben nehmen. Die Zahl der Suizidversuche wird auf etwa zehnmal soviel geschätzt.

Diese Entwicklung greift immer mehr auf Kinder, Jugendliche und Heranwachsende über. Pro Jahr zählt man bereits mehr als 1000 Opfer dieser Altersstufe.

Die therapeutischen Möglichkeiten sind begrenzt. Eine reale Einflußnahme liegt vor allem in der Prävention. Doch dafür braucht es erst einmal eine Bestandsaufnahme, die auch Ansatzpunkte für die erforderliche Prophylaxe andeutet.

Aus diesem Grunde stellen wir die Ergebnisse einer Studie vor, die sich auch mit dieser Problematik beschäftigt.

Methode und Probandengut

Die hier vorgestellten Daten sind Teil einer epidemiologischen Untersuchung, die die Depressivität klinisch Gesunder zu erfassen versuchte. Mittels eines standardisierten Fragebogens zur Symptomatik und Ätiopathogenese klinisch nicht relevanter Verstimmungszustände wurden bisher fast 11.000 Probanden befragt. Dieses unausgelesene Untersuchungsgut jeglichen Alters rekrutiert sich aus Freiwilligen von Vereinen, Clubs, Seminaren, Erholungsheimen, Sanatorien, Behörden, dem Publikum von Gesundheitsämtern und – für vorliegende Fragestellung – den Schülern von Gymnasien, Real- und Gewerbeschulen. Die Zwischenauswertung ergab 2.668 Jugendliche und Heranwachsende im Alter von 15 bis 20 Jahren – 935 Jungen und 1733 Mädchen.

* Statistischer Auszug und vorläufige Mitteilung einer noch laufenden epidemologischen Studie zur Frage der „Depressivität" klinisch Gesunder aller Altersstufen.

** Unter Mitarbeit von *R. Lehmann* und *E. Lesser*

Ergebnisse und Diskussion

Vorliegende Resultate basieren auf einem relativ großen Kollektiv. Sie sind aber nicht repräsentativ und können demzufolge nur einen gewissen Hinweiswert beanspruchen. Sie sollten durch randomisierte Folgestudien nachgeprüft werden. Nachfolgend die wichtigsten Ergebnisse in komprimierter Form:

– 4 von 10 Befragten (38%) dachten schon einmal mehr oder weniger ernst daran, ihrem Leben ein Ende zu setzen. Bereits hier zeichnet sich ab, was fast alle nachfolgenden Daten charakterisiert: eine signifikante Überrepräsentierung des weiblichen Geschlechts (42:30%). Suizidale Phantasien sind allerdings häufig. Bedeutsamer ist deshalb die konkrete Frage:

– Haben sie schon einmal ernstlich Vorbereitungen zu einem Suizidversuch getroffen? Dies bejahten 6% der befragten Jugendlichen, und zwar mehr als doppelt soviele Mädchen (8%) wie Jungen (3%).

– Die folgende Frage zielte auf den Kern des Geschehens: So gaben 4% der 2668 jungen Menschen zu, bereits einen (mehr oder weniger heimlichen) Suizidversuch unternommen zu haben. Auch hier finden sich wiederum mehr als doppelt soviel weibliche wie männliche Befragte (5:2%).

Kinder und Jugendliche sind – zumindest beim Ausfüllen von Fragebögen – offenbar aufrichtiger als Erwachsene. Zwar waren diese Fragebogen anonym und wurden auch gleich ohne Einsichtsmöglichkeit (z.B.der Lehrer) von Doktoranden eingesammelt und in der Klinik verwahrt. Trotzdem kann man sich vorstellen, daß nicht wenige Jugendliche angesichts der Bedeutung dieser Fragen auf eine Antwort verzichtet haben. Die Dunkelziffer ist also groß. Nachfolgende Frage aber charakterisiert die untere Grenzzahl möglicher Suizidversuche:

– Die Hälfte dieser 4% Jugendlichen, die bereits einmal einen Suizidversuch durchgeführt haben wollen, gab an, deshalb danach in ambulante bzw. stationäre Behandlung gekommen zu sein (je 1%). Bei der ambulanten Nachbehandlung fanden sich keine geschlechtsspezifischen Unterschiede. Bei der stationären Therapie überwogen signifikant die Mädchen.

– Die Gefähr eines Rückfalls, d.h. eines erneuten Suizid-Versuchs dokumentieren trotz insgesamt kleiner Prozentzahlen folgende Angaben: 1% der erfaßten Probanden hatte bereits zweimal, ein weiteres Prozent mehrfach einen Suizid-Versuch unternommen. Beim zweimaligen Versuch ergab sich kein Geschlechtsunterschied, beim mehrmaligen hingegen ein Überwiegen der Mädchen.

– Und wie stehen die Jugendlichen für die nächste Zeit zu einem solchen Schritt? Ist in Zukunft ein solcher Entschluß nicht völlig von der Hand zu weisen? In der Tat können 9% einen Suizidversuch für absehbare Zeit nicht ausschließen. Dies betrifft beide Geschlechter.

Was war nun der Grund für diesen Lebensüberdruß? Wir beschränkten uns in diesem Fragebogen aus Platzgründen auf einige globale, aber wesentliche Problemkreise:

– An erster Stelle stehen mit 27% Probleme mit der Familie oder dem Freundeskreis. Dabei überwiegen erneut mit deutlichem Abstand Mädchen vor Jungen (33:17%). An zweiter Stelle finden sich in 23% der Fälle Schwierigkeiten in der

Schule oder – bei den erfaßten Lehrlingen – im Beruf. Hier lassen sich keine signifikanten Geschlechtsunterschiede eruieren (Jungen: 21%; Mädchen: 24%).

Gemessen an diesen Problemkreisen spielen soziale und sexuelle Schwierigkeiten nur eine untergeordnete Rolle (jeweils 3%) – im Gegensatz zu den älteren Probanden. Interessant ist lediglich der Umstand, daß bei den sexuellen Nöten dieses Mal männliche Jugendliche mit 4:2% überwiegen.

– „Andere Ursachen" für den Freitodversuch ergaben sich bei insgesamt 9%, wobei erneut Mädchen überrepräsentiert waren (10:7%). Ähnlich häufig findet sich das letzte Motiv: „Kein faßbarer Grund". Dazu bekannten sich 11%, diesmal jedoch ohne geschlechtsspezifische Differenzen.

Vergleicht man die Angaben der Jugendlichen mit denen der erfaßten Erwachsenen ab dem 20. Lebensjahr, so findet sich bei so gut wie allen Fragen ein überraschendes Ergebnis: Jugendliche überwiegen z.T. weit bei Suizidphantasien, Vorbereitungen und realen Suizidversuchen. Dies könnte man als eine bedenkliche Entwicklung deuten, der unsere Jugend entgegengeht. Andererseits sind Erwachsene bei solchen Fragebogenuntersuchungen nachvollziehbarerweise weniger offen – und zwar um so zurückhaltender, je eher Fragen aus dem Intimbereich oder solchen brisanten psychodynamischen Vorgängen angesprochen werden. So glaubten wir zwar eine gute Kooperation auch bei den älteren Respondenten registrieren zu dürfen – mit der erwähnten Ausnahme: Die Suizidsparte. Hier kam es nicht selten vor, daß die Probanden nicht nur nichts ankreuzten, wie bei anderen für sie nicht zutreffenden Fragen, sondern auch mit offenbar affektiver Geladenheit diesen Fragekomplex durchstrichen, so als wollten sie ausdrücken: So etwas tut man nicht.

Mit anderen Worten: Auch wir vermuten eine Zunahme suizidaler Phantasien und Handlungen bei Jugendlichen und Heranwachsenden, können es aber aufgrund der viel höheren Dunkelziffer bei den Älteren aus unserem eigenen Material nicht ohne weiteres ableiten.

Die vorliegenden Ergebnisse geben so oder so zu denken, besonders dann, wenn man von den relativ gering erscheinenden Prozentzahlen auf die jugendliche Gesamtbevölkerung der Bundesrepublik hochrechnet. Wir möchten uns aber solcher schlagzeilenträchtiger Daten enthalten, dafür aber aus unserer Sicht die eminente Bedeutung einer notwendigen Prävention betonen.

Literatur

Bergstrand, C.G., Otto, U.: Suicidal attempts in adolescence and childhood. Acta paedopsychiat. 51 (1962) 17–26

Jacobs, J.: Selbstmordversuche bei Jugendlichen, Kösch, München 1974

Nissen, G.: Depressionen und Suizidalität in der Pubertät, Z. Allgemeinmed. 49 (1974) 471–481

Remschmidt, H., Schwab, Th.: Suicidversuche im Kindes- und Jugendalter. Acta paedopsychiat. 43 (1978) 197–208

Werkstein, L.: Handbook of Suicidology. Brunner u. Mazel, New York 1979

Empirische Ergebnisse aus dem Kieler Forschungsprojekt über Suizidhandlungen (Parasuizide) von Jugendlichen

Günter Schmitz u. Bernard Hobrücker

Zusammenfassung

Der Versuch der Zusammenschau von symptomatologischen, motivationspsychologischen und persönlichkeitspsychologischen Ergebnissen zeigt die Notwendigkeit differentieller Betrachtungsweisen bei suizidalen Handlungen Jugendlicher auf. Es lassen sich deutliche Beziehungen, wenn auch unterschiedlichen korrelativen Ausmaßes, zwischen Symptom, motivationalem Ablauf, Motiv und Persönlichkeitsmerkmalen aufzeigen. Diese vier Komponenten weisen jeweils Entsprechungen auf, aus denen die Psychodynamik von Suizidversuchen ersichtlich wird. Damit können sie richtungsweisend für Therapieziel und entsprechende Konzeptionen sein.

1. Einleitung und Fragestellung

Das Kieler Forschungsprojekt über Suizidversuche Jugendlicher leitet sich aus sachlichen Notwendigkeiten her. Statistischen Angaben einiger Bundesländer zufolge ist seit mehr als einem Jahrzehnt ein Anstieg der Suizidversuche im Jugendalter festzustellen. Alarmierend ist dieser Anstieg seit 1976/77.

Suizidversuche Jugendlicher sind nosologisch unspezifisch. Sie lassen sich keiner bestimmten jugendpsychiatrischen Syndrombildung zuordnen. Psychopathologisch betrachtet ist der Suizidversuch häufig ein Epiphänomen.

Unterschiedliche soziale, psychopathologische und motivationspsychologische Ausgangslagen jugendlicher Suizidenten nötigten uns zu differentiellen Betrachtungen mit folgender Zielsetzung:

1. Welche ätiologischen Faktoren sind in der individuellen Pathogenese bedeutungsvoll?
2. Entsprechen den heterogenen psychopathologischen Bildern Persönlichkeitstypen, die sich differentialpsychologisch empirisch verifizieren lassen?
3. Gibt es spezifische Motivstrukturen und motivationale Abläufe, die mit den ätiologischen Faktoren sowie Persönlichkeitstypen korrelieren?

Zur Beantwortung dieser Fragestellungen machten wir über die Jahre unterschiedliche Stichprobenerhebungen, deren Statistiken sich aber hinsichtlich Alter, Geschlecht, sozialer Schichtung und Bildungsstatus der Patienten nicht signifikant unterschieden.

2. Voruntersuchungen

Ausgangspunkt der Untersuchung zur Festlegung ätiologischer Faktoren waren Erhebungen an Patienten zur Frage der generellen Symptomveränderung und des

Wechsels des Erscheinungsbildes von psychischen Störungen. Dazu untersuchten wir parallelisierte Stichprobengruppen der Jahre 1955 bis 1959 und 1975 bis 1979. Es zeigt sich, daß eine deutliche Zunahme von Passivitäts- und Ausweichverhalten vorliegt, von psychosomatischen Beschwerden (Kopfschmerzen, Magenschmerzen) und aggressiv-destruktiven Reaktionsweisen. Dagegen haben die als „Erziehungsschwierigkeiten" beschriebenen Störungen signifikant abgenommen.

Von diesen epochetypischen Veränderungen der Störungen und ihren Erscheinungsbildern ausgehend, verglichen wir die aktuellen Symptome von 98 jugendlichen Patienten nach einem Suizidversuch mit vergleichbaren Gruppen von Jugendlichen mit unterschiedlichen klinischen Störungsbildern. Diesem Vergleich zufolge weisen jugendliche Suizidenten signifikant mehr Störungen folgender Art auf: Sie neigen stärker als die klinischen Kontrollpatienten zu 1. Passivitätshaltungen, 2. Fortlaufen, 3. sog. Kontaktsucht – letzteres ein flüchtiges, häufig auf kurzfristige sexuelle Begegnungen reduziertes Kontaktverhalten –, 4. größerer Stimmungslabilität, 5. gehäuftem schulischem und beruflichem Versagen und 6. litten sie häufig unter Kopfschmerzen.

Diagnostische Zuordnungen sind anhand der Symptomkombinationen der aktuellen Symptome für jeden einzelnen Patienten möglich. Durchschnittlich weist jeder Patient 7,5 aktuelle Symptome auf. Die Symptomkomplexe lassen eine Einteilung in vier große Gruppen zu, wie wir sie in vorangegangenen Arbeiten vorgeschlagen haben. Bei einem Vergleich dieser vier Gruppen mit statistischen Klassifikationen erweist sich das Viergruppenmodell jedoch als zu grob gerastert, um motivationale Entsprechungen aufzeigen zu können. Eine clusteranalytische Gruppierung in sechs Symptomkategorien mit jeweils zwei Untergruppen erwies sich als brauchbarer, um Entsprechungen zwischen persönlichkeitspsychologischen, symptomatologischen und motivationspsychologischen Kategorien zu finden. Da Syndrome keine nosologische Entität sind und auch nicht auf bestimmten ätiologischen Faktoren und psychopathologischen Verlaufsformen basieren – sie beschreiben nur Manifestationskonkordanzen festgestellter Symptome –, erhellt sich erst in der Zusammenschau von individuellen „Problembereichen" und der „Motivstruktur" der psychodynamische Ablauf des Suizidversuchs. Wir entwickelten deshalb einen Fragebogen, der sieben Faktoren suizidalen Verhaltens unter motivationalen Aspekten erfaßt und vergleichbar macht. Die Faktoren sind: 1. soziale Determinanten, 2. soziale Ausgangslage, 3. emotionale Ausgangslage, 4. Problembereiche und ihre Verarbeitung, 5. suizidale Vorgeschichte, 6. suizidales Geschehen, 7. Motiv.

3. Untersuchungen zum „Problembereich"

Fünf Problembereiche erwiesen sich nach vorausgegangenen Untersuchungen als sensible Indikatoren für suizidale Dynamik im Jugendalter:
1. familiäres Selbsterleben (SE), 2. aktionales SE, 3. pubertäres SE, 4. soziales SE und 5. Drogen, Alkohol und inkriminierte Verhaltensweisen (eine Restkategorie).

Die Patienten sollten den Schweregrad der Problemfelder anhand einer Schulnotenskala (1 = „kein Problem", 6 = „äußerst schweres Problem") selbst einschätzen.

Die Analyse der bisher gewonnenen Daten läßt vier Problembereiche als überdurchschnittlich stark ausgeprägt für Suizidenten erkennen: 1. Auseinandersetzungen mit dem Vater und 2. mit der Mutter (familiäres SE), 3. das Leiden unter trauriger Verstimmtheit und 4. das Gefühl, von keinem richtig verstanden zu werden (pubertäres SE).

Störungen im körperlichen Selbsterleben und Drogen- und Alkoholprobleme weisen eine deutlich schwache Valenz auf. Eliminiert man die individuellen Antworttendenzen, tritt auch der zweite Problembereich „aktionales Selbsterleben" (Schule, Beruf, Lehre) als Belastungsmoment hinzu.

In der Gesamtbetrachtung fällt weiterhin auf, daß nicht ein einzelnes Problem die Motivation zu suizidalen Reaktionen abgibt. In der statistischen Betrachtung sind es intraindividuell 2,5 Beweggründe, die größtenteils langfristig aus der Latenz heraus wirksam werden. Scheinbar minimale Auslöser führen dann zu raptusartigen Suizidversuchen bei 57% der Patienten. Dieser sog. minimale Auslöser ist nicht zufällig; er steht in direkter Beziehung zu den latenten Problemen. Ähnlich wie *Ringel* es 1955 betonte, sind die Auslöser der Schlüssel zu den Räumen, in denen die unbewältigte Vergangenheit der individuellen Psychogenese ruht.

Betrachtet man die Gesamtuntersuchungsgruppe, so zeigt sich ein signifikanter Zusammenhang zwischen dem Grad der Problembelastung und der Zahl der Motive; denn je vielgestaltiger die Problemfelder, desto vielgestaltiger die Motive.

4. Motivanalyse

Motive, definiert als wertgeladene Zielvorstellungen, die einer Tat unterlegt sind, waren den Patienten in Form empirisch hergeleiteter Kognitionen zu den Einstellungsmustern „Haltlosigkeit" – definiert als erlebte Vereinsamung –, „Hilflosigkeit" und „Hoffnungslosigkeit" in Mehrfachwahlverfahren vorgegeben. In Kombination mit einem Vierkomponentenmodell des suizidalen Antriebsgefüges, ähnlich wie *Linden* es 1969 beschreibt:

Aggression – Autoaggression, Nähe – Entfernung, ergeben sich 12 Motivvektoren.

Den aus der „Problembelastung" her kalassifizierten sechs Gruppen lassen sich entsprechende differentielle Motivstrukturen zuordnen. Diese sechs Gruppen (von A bis F) lassen sich im einzelnen wie folgt beschreiben:

Gruppe A (20%): In ihr sind die Patienten zusammengefaßt, die sich als extrem belastet erleben. Sie weisen gehäuft Suizidversuche auf und hegen darüber hinaus auch häufig langanhaltende, konkrete Durchführungsvorstellungen der Suizidtat. Von den Symptomen her zeigt sich eine Häufung von Kontaktstörungen, Leistungsversagen, Passivitätshaltungen und ausgeprägte Stimmungslabilität. Motivational zeigt diese Gruppe eine Tendenz, stark erlebter Haltlosigkeit, Hilflosigkeit und Hoffnungslosigkeit zu entrinnen. Patienten der Gruppe A suchen dabei weniger die Nähe und Anlehnung als andere und weisen nur geringgradig aggressive Impulse auf.

Gruppe B (8%) weist keine ausgesprochenen Belastungsschwerpunkte auf und zeigt in ihrer Symptomatik vor allem ein großes Maß an Angstbereitschaft und psychischer Retardierung. Motivmäßig offenbaren sich starke Hoffnungslosigkeit mit ebenso heftigen autoaggressiven Impulsen.

Gruppe C (15%): Bei diesen Patienten steht ein von der Familie nicht toleriertes Leistungsversagen im Vordergrund, das zu Kognitionen von Hilf- und Hoffnungslosigkeit geführt hat, und paradoxerweise spielen im Motivgefüge autoaggressive Impulse kaum eine Rolle.

Gruppe D (25%): Bei diesen jugendlichen Suizidenten stehen die Ablösungsproblematik von den Eltern einerseits und Verselbständigungs- und Integrationsprobleme andererseits deutlich im Vordergrund. Zweierbeziehungen werden als brüchig oder zu wenig haltgebend erfahren. Dementsprechend erleben sich diese Jugendlichen ebenfalls als außerordentlich halt- und hilflos und neigen zu stark autoaggressiven Impulsen.

Gruppe E (10%) umfaßt Patienten mit einer diffusen Problemstruktur – Auseinandersetzung mit den Eltern, mangelhafte Gruppenintegration, Leistungsprobleme und instabile Partnerbeziehungen. Stark empfundene Hilflosigkeit, der sie zu entgehen trachten, gibt im Einklang mit autoaggressiven Impulsen die Motivstruktur ihres suizidalen Tuns ab.

Gruppe F (22%) wird durch Patienten gebildet, die eine unterdurchschnittliche Problembelastung aufweisen. Jugendliche dieser Gruppe trachten danach, Tatgeschehen, Probleme, Konflikte und Motive zu verdecken. Ihre mangelhafte Belastbarkeit offenbart sich auch in einer kompensatorisch-regressiven Symptomatik, nämlich Adipositas, Naschsucht, Diebstahl, verbunden mit Passivitätshaltungen und Kontaktsucht. In dieser Gruppe findet sich auch der Großteil der Patienten, die zu raptusartigen suizidalen Reaktionen neigt.

5. Persönlichkeitsuntersuchungen

Motivationale Differenzierungen dienen den präventativen und indikationsspezifischen Aufgabenstellungen – persönlichkeitspsychologische Klassifikationen der Strategiebildung für den psychotherapeutischen Prozeß. Eine clusteranalytische Aufarbeitung des Datenmaterials bei 50 Suizidenten (untersucht mit dem Freiburger Persönlichkeitsinventar) läßt eine Vier-Gruppen-Lösung unter statistischem Aspekt optimal erscheinen:

1. Jugendliche Suizidenten mit überdurchschnittlichen Extraversionswerten und fehlenden psychopathologischen Merkmalen, bei denen der Suizidversuch Folge eines krisenhaften Geschehens ist.

2. Jugendliche mit starken Introversionshaltungen, fehlender Aggressionsbereitschaft und starker Gehemmtheit, die das Bild einer depressiven Persönlichkeit bieten.

3. Jugendliche Suizidenten mit hochgradiger Labilität, hoher Aggressionsbereitschaft sowie erheblichen psychovegetativen Beschwerden, deren Störung als „Mischneurose“ zu kennzeichnen wäre.

4. Jugendliche Suizidenten, deren Persönlichkeit extreme Störungen aufweist, die wir als hysterische Persönlichkeiten klassifizierten.

Literatur

Fahrenberg, H., Selg, H., Hampel, R.: Das Freiburger Pesönlichkeitsinventar (FPI), Hogrefe, Göttingen 1978

Heckhausen, H.: Motivation und Handeln, Springer, Berlin/Heidelberg/New York 1980

Hobrücker, B.: Komponenten des suizidalen Einstellungsmusters von Jugendlichen. Der Praktische Arzt 1980) 2501–2507

Interaktionsstrategien in der Psychotherapie – dargestellt am Beispiel depressiver Jugendlicher. Prax. Kinderpsychol. Kinderpsychiat. 28 (1979) 169–176

Persönlichkeitspsychologische Probleme bei jugendlichen Selbstmordversuchen, Dissertation, Dortmund 1981

Hobrücker, B., Rambow, V., Schmitz, G.: Problemanalyse bei weiblichen Jugendlichen nach Suizidversuchen. Prax. Kinderpsych. Kinderpsychiat. 29 (1980) 218–225

Linden, K.-J.: Der Suizidversuch, Enke, Stuttgart 1969

Minkoff, K., Bergmann E., Beck, A.T., Beck, R.: Hopelessness, Depression and Attempted Suicide. Am. J. Psychiat. 130 (1973) 455–459

Pohlmeier, H.: Selbstmord und Selbstmordverhütung. Urban & Schwarzenberg, München 1978

Ringel, E., Spiel, W., Stepan, M.: Untersuchungen über kindliche Selbstmordversuche. Prax. Kinderpsychol. Kinderpsychiat. 4 (1955) 161–167

Schmitz, G.: Überlegungen zur Selbstmordgefährdung im Jugendalter. Diakonie 5 (1979) 298–302

Motivanalyse und Entwicklungsbedingugnen bei Jugendlichen mit Suizidversuchen. Der Praktische Arzt (1980) 2082–2094

Süllwold, F., Berg, M.: Problemfragebogen für Jugendliche. Hogrefe, Göttingen 1967

Möglichkeiten und Grenzen der Konstruktion eines Screening-Verfahrens zur Erkennung suizidaler Tendenzen bei Jugendlichen

Armin Schmidtke u. Sylvia Schaller

Zusammenfassung

Wenn es auch gelingt, mit verschiedenen Skalen eine Gruppe Jugendlicher nach einem Suizidversuch von einer gleichaltrigen Gruppe Gesunder und z.T. auch von einer Gruppe klinisch psychisch Auffälliger zu trennen, so fehlt es doch an Möglichkeiten, für den Einzelfall mit Hilfe psychometrischer Verfahren Suizidalität abzuschätzen. Entsprechend der multifaktoriellen Bedingtheit suizidaler Handlungen bedarf es dafür der Konstruktion mehrdimensionaler Verfahren und multivariater Auswertungen.

1. Problemstellung

Spezifische Untersuchungen der Brauchbarkeit psychometrischer Testverfahren zur Beurteilung der Suizidgefährdung von Jugendlichen liegen bisher kaum vor, insbesondere fehlen Längsschnittstudien zur Ermittlung der Reliabilität sowie der prognostischen und Kriterienvalidität (*Lewinsky-Aurbach* 1980; *Schmidtke* u. *Schaller* 1981). Im Rahmen eines Forschungsprojektes zur Ätiologie suizidaler Handlungen, das am Lehrstuhl Psychologie I der Universität Mannheim durchgeführt wurde, werden auch Gütekriterien verschiedener Testverfahren untersucht. Im folgenden soll über Ergebnisse spezifischer Suizidskalen bzw. Suizidfragebogen bei Jugendlichen berichtet werden.

2. Untersuchung

2.1 Untersuchte Verfahren

In der Untersuchung wurden u.a. folgende Verfahren verwandt:

2.1.1 A-posteriori auf Aufgabenebene konstruierte Zusatzskalen

1) Eine von *Farberow* und *Devries* (1967) vorgeschlagene Skala. Sie umfaßt 52 MMPI-Fragen, die kriterienorientiert gewonnen wurden. Als Trennwert wurden von den Autoren ursprünglich 20 Punkte vorgeschlagen. (Für spezifische Zielsetzungen wurden aufgrund errechneter Klassifikationsraten auch unterschiedliche Trennwerte – z.B. 20 oder 35 – genannt.)

2) Eine aufgrund der Aufgabenanalyse von *Clopton* u. *Jones* (1975) zusammengestellte Skala. Diese Autoren ermittelten 12 signifikant trennende MMPI-Fragen. Ein Trennwert wurde von ihnen allerdings nicht vorgeschlagen.

2.1.2 Die Self-Mutilation-Skala von *Panton* (1962)

Diese Skala stellt eine spezifische Auswertung des MMPI dar und soll „psychotische Reaktionstendenzen" in Belastungssituationen erfassen. Sie setzt sich aus der Validitätsskala „F" sowie den Skalen „Pa" („Paranoia"; diese Skala soll Argwohn, Überempfindlichkeit und Verfolgungsideen erfassen) und „Sc" („Schizoidie"; diese Skala soll vor allem bizarres und ungewöhnliches Denken und Verhalten erfassen) zusammen.

2.1.3 Der Fragebogentest zur Beurteilung der Suizidgefahr (FBS)

Dieser von *Stork* 1972 publizierte Test ist der erste deutsche subjektive Persönlichkeitsfragebogen zur Erfassung eines suizidal-depressiven Persönlichkeitsbildes (*Stork,* 1971, 1972 a, b).

2.1.4 Eine auf Aufgabenebene kriterienorientiert konstruierte Suizidprognoseskala für Jugendliche (MSV)

Dieses Verfahren ist eine aus Fragen des MMPI, FPI, FBS und EPI, die zwischen suizidalen und nicht-suizidalen Jugendlichen signifikant trennten, zusammengestellte Skala (*Schmidtke* 1979; *Schmidtke* u. *Terpitz* 1981). Diese Skala wurde von uns noch nicht benannt, sie wird in der Literatur z.T. als MSV oder FESG zitiert. Sie umfaßt 67 Aufgaben, als Trennwert werden 40 oder 45 Punkte vorgeschlagen.

2.2 Stichproben

Die Tests wurden ursprünglich an folgenden Stichproben durchgeführt oder konstruiert:

– 33 männliche und 84 weibliche Jugendliche nach einem Suizidversuch (SMV-Gruppe)
– 44 männliche und 34 weibliche Jugendliche in psychologischer oder psychiatrischer Behandlung (KLIN-Gruppe)
– 150 männliche und 135 weibliche „normale" Jugendliche (VGL-Gruppe)

Alle Jugendlichen waren zwischen 14 und 18 Jahren alt und stammten aus den Bundesländern Baden-Württemberg, Hessen und Rheinland-Pfalz. Die Untersuchungen wurden im Zeitraum 1973 bis 1978 durchgeführt. Die Testungen der Jugendlichen mit Suizidversuch fanden bis spätestens drei Wochen nach dem Suizidversuch statt.

Die Stichproben der Jugendlichen mit Suizidversuch und die klinischen Gruppen wurden längsschnittlich verfolgt. Bei den SMV-Gruppen wurden bis April 1981 5 männliche und 20 weibliche Jugendliche (mittleres Intervall: ♂ 1 Jahr, 2 Monate; ♀ 1 Jahr, 4 Monate), bei den klinischen Gruppen 1 männlicher und 4 weibliche Jugendliche (mittleres Intervall: 1 Jahr, 3 Monate) mit einem Suizidversuch ***nach*** der Testung ermittelt. Aufgrund verschiedener Randbedingungen (die Untersuchung wurde geplant, als spezifische Datenschutzbestimmungen noch nicht in der heutigen Form existierten) sind diese Daten jedoch als untere Schätzungen der Rezidivrate anzusehen, da nicht alle Jugendlichen erfaßt werden konnten.

Die kriterienorientiert konstruierte Skala wurde zusätzlich einer Kreuzvalidierung unterzogen. Für diese Überprüfung wurden nur Daten herangezogen, die von anderen Stellen (Kliniken, Beratungsstellen) erhoben wurden. Für diese Auswertung standen bis April 1981 Daten von 61 Jugendlichen mit Suizidversuch und 56 psychisch auffälligen Jugendlichen ohne SMV zur Verfügung.

3. Ergebnisse

Tabelle 1 zeigt die Gruppengrößen, die Ergebnisse der einzelnen Gruppen in den verschiedenen Verfahren, Tabelle 2 die Ergebnisse der Signifikanzprüfungen.

Tabelle 1 Stichprobenbeschreibung und Testergebnisse

Jugendliche mit Suizidversuch (SMV)

	SMV vor Testung		SMV nach Testung	
	♂	♀	♂	♀
N	33	84	5	20
Altersdurchschnitt	16;8	16;2	17;1	16;2
Farberow & Devries				
AM	27,8	25,3	30,7	27,4
σ	11,2	12,1	8,5	13,5
Clopton & Jones				
AM	4,5	5,0	2,3	5,1
σ	2,0	1,9	1,5	2,1
Panton				
AM	76,3	70,7	79,0	75,2
σ	23,2	19,8	9,6	20,1
FBS				
AM	32,3	29,8	38,3	30,9
σ	12,9	10,8	12,0	12,0
MSV				
AM	44,9	47,6	–	–
σ	11,9	11,2	–	–

Jugendliche in psychatrisch/psychologischer Behandlung (KLIN)

			SMV nach Testung	
	♂	♀	♂	♀
N	44	34	1	4
Altersdurchschnitt				
Farberow & Devries	16;5	16;2	–	15;11
AM	24,9	23,2	–	28,0
σ	11,7	10,3	–	2,4
Clopton & Jones				
AM	5,6	5,7	–	5,0
σ	2,5	2,5	–	2,2
Panton				
AM	71,5	67,9	–	85,3
σ	21,7	23,0	–	22,6
FBS				
AM	26,4	26,9	–	28,5
σ	13,6	12,9	–	8,9
MSV				
AM	38,2	35,5	–	–
σ	15,4	13,2	–	–

Fortsetzung Tabelle 1 Stichprobenbeschreibung und Testergebnisse

Vergleichsgruppe	♂	♀
N	131	150
Altersdurchschnitt	16;7	16;5
Farberow & Devries		
AM	19,4	20,9
σ	7,9	9,6
Clopton & Jones		
AM	5,3	5,9
σ	2,2	2,2
Panton		
AM	64,3	57,8
σ	19,0	18,9
FBS		
AM	20,0	20,8
σ	11,0	10,8
MSV		
AM	25,6	22,5
σ	12,4	11,1

Tabelle 2 Ergebnisse der Signifikanzprüfungen

Gruppenvergleich	Skala / Test				
	Farberow & Devries	Clopton & Jones	Panton	FBS	MSV
SMV ♂/SMV ♀	n.s.[1]	n.s.	n.s.	n.s.	n.s.
SMV ♂/KLIN ♂	n.s.	.05	n.s.	.10	.05
SMV ♂/VGL ♂	.001	.10	.01	.001	.001
SMV ♀/KLIN ♀	n.s.	n.s.	n.s.	n.s.	.001
SMV ♀/VGL ♀	.01	.01	.001	.001	.001
KLIN ♂/KLIN ♀	n.s.	n.s.	n.s.	n.s.	n.s.
KLIN ♂/VGL ♂	.001	n.s.	.05	.01	.001
KLIN ♀/VGL ♀	n.s.	n.s.	.01	.01	.001
VGL ♂/VGL ♀	n.s.	.05	.01	n.s.	.05
SMV ♂: SMV vor/ SMV nach Testung	n.s.	.05	n.s.	n.s.	–
SMV ♀: SMV vor/ SMV nach Testung	n.s.	n.s.	n.s.	n.s.	–
KLIN ♀: vor Testung/ SMV nach Testung	n.s.	n.s.	n.s.	n.s.	–

1) t-Test für unabhängige Stichproben; signifikant auf dem jeweils angegebenen Signifikanzniveau; n.s. = kein signifikanter Unterschied

Wie die Mittelwerte zeigen, sind – bis auf die aus den Items von *Clopton* u. *Jones* (1975) konstruierte Skala – alle Verfahren in der Lage, die suizidalen Gruppen gesamthaft signifikant von den normalen und teilweise auch von den klinischen Gruppen zu trennen. Aufgrund der z.T. geringen Sensitivität und Spezifität der Verfahren und des dadurch bedingten großen Überlappungsbereichs der Werte ist die Wahrscheinlichkeit der richtigen Zuordnung im Einzelfall jedoch z.T. relativ gering. Abbildung 1 verdeutlicht diese Problematik der Zuweisungsraten an den Ergebnissen im Fragebogentest zur Beurteilung der Suizidgefahr (FBS).

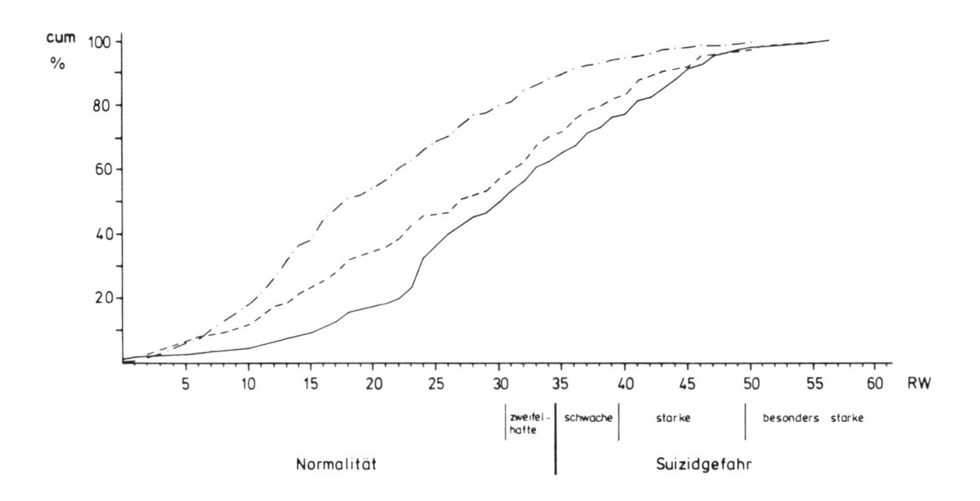

Abb. 1 Kumulative Rohwertverteilung im Fragebogentest zur Beurteilung der Suizidgefahr von *Stork* (1972). Jugendliche mit Suizidversuch ———, Jugendliche in psychiatrisch/psychologischer Behandlung– – – – –, „normale“ Jugendliche ·—·—·—·— .

Die Kumulativkurven verlaufen weitgehend ähnlich, bei genügend hoher Sensitivität und Spezifität müßten die Kurven sich deutlicher unterscheiden.

Für die „Skala“ von *Clopton* u. *Jones* läßt sich für die Jugendlichen überhaupt kein sinnvoller Trennwert ermitteln, der eine genügend hohe Zuweisungsrate zur Folge hat.

Tabelle 3 gibt die Ergebnisse der Verlaufs- und Kreuzvalidierungsstudien wieder.

Es zeigt sich auch bei der Kontrollstudie, daß der kriterienorientierte Fragebogen in der Lage ist, Gruppen normaler Jugendlicher von suizidalen Jugendlichen gesamthaft signifikant zu trennen, bei den klinischen Gruppen gelingt diese Trennung signifikant jedoch nur für die männlichen Jugendlichen. Die Richtig-Zuweisungsraten sind für die Einzelfalldiagnostik allerdings noch zu gering und im wesentlichen auf die geringe Sensitivität des Verfahrens zurückzuführen. Für dieses Verfahren wurden zwei Jugendliche mit einem Suizidversuch nach der Testung ermittelt (der Test existiert noch nicht so lange), beide waren als „nicht gefährdet“ klassifiziert worden.

Tabelle 3 Klassifikationsraten

Gruppe		Richtig klassifiziert		
		Skala von Farberow & Devries	FBS	MSV
SMV Gruppe				
SMV vor Testung	♂	82%	63%	66%
	♀	65%	46%	75%
SMV nach Testung	♂	100%	75%	51%
	♀	75%	63%	63%
KLIN-Gruppe				
	♂	31%	52%	51%
	♀	33%	61%	63%
SMV nach Testung	♂	richtig	richtig	–
	♀	100%	25%	–
VGL-Gruppe				
	♂	49%	78%	88%
	♀	46%	82%	94%

Kreuzvalidierung (MSV)			Richtig klassifiziert Trennwert	
			40	45
SMV-Gruppe:				
	AM	σ		
♂ (N=30)	43.9	13.1	63%	46%
♀ (N=31)	40.9	13.3	52%	40%
KLIN-Gruppe:				
♂ (N=24)	36.3	14.4	63%	75%
♀ (N=32)	40.0	13.4	53%	69%

Für die übrigen Skalen ergibt sich ein differenzierteres Bild. Die beste „prognostische“ Zuweisungsrate insgesamt erreicht die Skala von *Farberow* u. *Devries*. Hierbei ist allerdings immer noch die große Anzahl falsch-positiver Zuordnungen zu berücksichtigen. Der FBS trennt – wie die Tendenzen zeigen – bei den männlichen Jugendlichen besser als bei den weiblichen. Hier wäre von den 4 psychisch auffälligen weiblichen Jugendlichen (ohne vorherigen Suizidversuch und mit Suizidversuch nach der Testung) sogar nur eine richtig beurteilt worden.

4. Diskussion

Die bei den Jugendlichen, ähnlich wie bei Erwachsenen, für die meisten a posteriori konstruierten Skalen erzielten mangelhaften Zuweisungsraten sollten nicht als geringe Möglichkeiten von Tests generell interpretiert werden, sondern weisen eher auf fehlerhafte Konstruktionsprinzipien hin. Bei einem Teil dieser Zusatzskalen ist offensichtlich das Problem der schon nach Zufall trennenden Aufgaben (*Devries* 1966; *Clopton* 1978; *Levitt* 1978) nicht genügend beachtet worden. Einige der von verschiedenen Autoren konstruierten Skalen (bzw. die angegebenen Aufgaben) weisen nämlich – wenn nicht entsprechende Kontrollstrategien verwandt wurden – eine kaum von der Zufallsmenge differierende Anzahl „trennscharfer" Aufgaben auf. Die Reliabilität und Validität solcher „Skalen" kann schon aus diesen Gründen kaum befriedigend sein.

Aus den Ergebnissen, die für die hier verwandten Tests ähnlich wie bei Erwachsenen zwar auch signifikante Trennungsmöglichkeiten der Gesamtgruppen, aber ungenügende richtige Zuweisungsraten bei der Einzelfalldiagnostik zeigen, ist jedoch insgesamt das Fazit zu ziehen, daß die Konstruktion und vor allem eindimensionale Auswertung von Skalen zur Abschätzung des suizidalen Risikos der Problemstellung nicht angemessen ist. Dies läßt sich auch aus Dimensionsanalysen der Verfahren selbst folgern, die meist auf eine mehrfaktorielle Struktur schließen lassen (*Kuda* 1980; *Kuda* u. *Kuda-Ebert* 1981; *Schmidtke* u. *Schaller* 1981). Auch die wenigen bisher durchgeführten multivariaten Prognose- und Zuweisungsstudien bei erwachsenen suizidalen Patienten lassen vermuten, daß die Konstruktion mehrdimensionaler Verfahren und multivariate Auswertungen, die diese Mehrdimensionalität und damit die multifaktorielle Bedingtheit suizidaler Handlungen und entsprechende Klassifikationen berücksichtigen, auch bei der Diagnose suizidaler Tendenzen von Jugendlichen bessere Erfolge versprechen.

Literatur

Clopton, J.R.: MMPI scale development methodology. Journal of Personality Assessment 42 (1978) 148–151

Clopton, J.R. u. *Jones, W.C.:* Use of the MMPI in the prediction of suicide. Journal of Clinical Psychology 31 (1975) 52–54

Devries, A.G.: Chance expectancy, sample size, replacement and non-replacement sampling. Psychological Reports 18 (1966) 843–850

Farberow, N.L. u. *Devries, A.G.:* An item differentiation analysis of MMPI of suicidal neuropsychiatric hospital patients. Psychological Reports 20 (1967) 607–617

Kuda, M.: Dimensionsanalyse des „Fragebogentests zur Beurteilung der Suizidgefahr". Göttingen: u.v. Manuskript 1980

Kuda, M. u. Kuda-Ebert, M.: Zur Vorhersage der Selbstmordgefährdung bei Studierenden und Drogenabhängigen. Huber, Bern 1981

Levitt, E.E.: A note on „MMPI scale development methodology". Journal of Personality Assessment 42 (1978) 503–504

Lewinsky-Aurbach, B.: Suizidale Jugendliche. Enke, Stuttgart 1980

Panton, J.H.: The identification of predispositional factors in self-mutilation within a state prison population. Journal of Clinical Psychology 18 (1962) 63–67

Schmidtke, A.: Dimensionierung von Fragebogen zur Erfassung der Suizidalität bei Jugendlichen. Forschungsberichte aus dem Otto-Selz-Institut für Psychologie und Erziehungswissenschaft der Universität Mannheim, Nr. 8 1979

Schmidtke, A. u. Schaller, S.: Möglichkeiten und Grenzen testpsychologischer Diagnostik suizidalen Verhaltens. In: Selbstmordhandlungen, hrsg. von R. Welz u. H. Pohlmeier. Beltz, Weinheim 1981

Schmidtke, A. u. Terpitz, V.: Kriterienorientierte Konstruktion eines Fragebogens zur Erfassung suizidaler Tendenzen bei Jugendlichen. Mannheim, u.v. Manuskript 1981

Stork, J.: Suizidverhalten und depressiver Zustand bei Adoleszenten. In: Depressionszustände bei Kindern und Jugendlichen, hrsg. von A.-L. Annell. Almquist u. Wiksell, Stockholm 1971

Stork, J.: Suizidtendenzen und Suizidversuch. Statistische Analyse des suizidalen Feldes bei Schülern. Zeitschrift für Klinische Psychologie und Psychotherapie, 20 (1972 a) 123–151

Stork, J.: Fragebogentest zur Beurteilung der Suizidgefahr. Müller, Salzburg 1972 b

Die präsuizidale Symptomatik bei Kindern und Jugendlichen – ein Beitrag zur Früherkennung der Selbstmordgefährdung

Michael Löchel

Zusammenfassung

Nach einer Vorstudie wurde mit Hilfe eines Explorationsleitfadens und statistischer Auswertung bei 40 Kindern und Jugendlichen im Alter zwischen 9;1 und 18;5 Jahren ein von 80% angegebenes präsuizidales Syndrom ermittelt. Als Merkmale eines solchen Syndroms werden konkrete Vorstellungen über die Durchführung eines Suizidversuches genannt, Suizidgedanken in der Anamnese, dysphorische Verstimmungen und psychosomatische Äquivalente. Letztere wurden bei dem präsuizidalen Syndrom, das *Ringel* (1969) bei Erwachsenen beschrieben hat, nicht beobachtet. Die Beachtung der genannten Symptome soll es ermöglichen, suizidale Entwicklungen frühzeitig zu erkennen.

Vorboten der Suizidhandlung bei Erwachsenen werden von mehreren Autoren beschrieben. Die Symptomatik reicht von direkten und indirekten Selbstmordankündigungen, Isolationstendenzen und Arztkonsultationen bis hin zu depressiven Äquivalenten. Es ist das Verdienst *Erwin Ringels* (1953, 1969), diese Beobachtungen im Rahmen einer tiefenpsychologischen Theorie der Selbstmordhandlung gedeutet zu haben. An einer Stichprobe von 745 weitgehend nicht psychotischen, erwachsenen Patienten beschreibt er ein „Präsuizidales Syndrom", bestehend aus den Merkmalen „Einengung", „gehemmter bzw. gegen die eigene Person gerichteter Aggression" und „Selbstmordphantasien. Über eine vergleichbare Symptomatik bei Kindern und Jugendlichen ist wenig bekannt. Dennoch haben wir nach Durchsicht der Literatur eine Reihe von Arbeiten und Fallbeschreibungen zusammengetragen, denen Hinweise für die Existenz einer dem Suizidversuch des Kindes und Jugendlichen vorausgehenden Symptomatik entnommen werden können. Erwähnt seien an dieser Stelle die Beiträge von *Stober* (1978), *Shaffer* (1974), *McIntire* (1977), *Remschmidt* u. *Schwab* (1978), *Teicher* und *Jacobs* (1966), *Jacobs* (1971, 1974) sowie *Stierlin* (1979). Nach Untersuchungen von *Otto* (*Bergstrand* und *Otto* 1962, *Otto* 1964, 1972) wurde die Vorstellung einer einheitlichen präsuizidalen Symptomatik im Kindes- und Jugendalter, mit Ausnahme depressiver Veränderungen bei psychotischen Jugendlichen, aufgegeben. Empirisch gesicherte Befunde zu diesem Problemkreis liegen jedoch nicht vor.

Eine methodenkritische Betrachtung der vorliegenden Fachliteratur ließ es legitim erscheinen, in einer eigens für diesen Zweck geplanten Studie erneut die Hypothese einer präsuizidalen Symptomatik bei Kindern und Jugendlichen zu überprüfen. Die Ergebnisse einer Vorstudie anhand von Fallberichten aus dem Krankengut der Heidelberger Abteilung für Kinder- und Jugendpsychiatrie führten mit Informationen aus Forschungsberichten, Kasuistiken sowie aus „Risikolisten" von *Nissen* (1976), *Pöldinger* (1968), *Kielholz* (1976), *Thomas* (1978) und *Schmidtke* (1976) zur Entwicklung eines halbstandardisierten Befragungsschemas. Dieser „Leitfaden für die Exploration" (*Löchel* 1978) diente im Verlauf der eigentlichen Untersuchung (Prolektivstudie im Sinne von *Feinstein,* 1977)[1] als Screeningverfah-

1 Prolektivstudie: von einem bestimmten Zeitpunkt an werden fortlaufend Probanden befragt.

ren zur Ermittlung relevanter Symptome im Vorfeld des Suizidversuchs. Er enthält 42 Items und ist in 4 Merkmalsbereiche gegliedert:

- Direkte und indirekte Suizidankündigungen, Suizidvorbilder
- Gedanken- und Gefühlswelt, Stimmungslage in der Zeit vor dem Suizidversuch
- Psychosomatische Beschwerden
- Verhaltensbereich

Für die statistische Auswertung fand ein modifiziertes Schema, bestehend aus 36 Items, Verwendung. In Anlehnung an *Kind* (1979) wurde die gewählte Form der Befragung als „Exploration" bezeichnet. Der „Leitfaden" diente dabei lediglich als eine Art „Gedächtnisstütze" resp. Richtschnur für den Befrager. Die Formulierung der Fragen, die das Vorhanden- bzw. Nicht-Vorhandensein der einzelnen Merkmale (Items) in Erfahrung bringen sollten, wurde in Abhängigkeit vom Alter und der Stimmungslage des Patienten variiert.

Abgeleitet aus den Ergebnissen bisheriger Untersuchungen und einer eigenen Vorstudie wurde die eigentliche Studie (Prolektiverhebung, s. oben) unter folgenden Hypothesen durchgeführt:

1. Für die Mehrzahl der Kinder und Jugendlichen lassen sich Merkmale beschreiben, die dem Selbstmordversuch vorausgehen. Als „Leitsymptome" sollten nur solche Merkmale eingestuft werden, die für die Grundgesamtheit aller Kinder und Jugendlichen mit Suizidversuch mit einer prozentualen Häufigkeit von mindestens 60% geschätzt werden können.
2. Es läßt sich eine einheitliche Symptomatik im Sinne eines Syndroms beschreiben. Als Kriterium sollte das gemeinsame Auftreten von einzelnen Merkmalen im Sinne von „Leitsymptomen" (wie oben definiert) gelten.
3. Die Häufigkeit einzelner Symptome variiert in Abhängigkeit von den Variablen „Alter" und „Geschlecht". Zur Überprüfung dieser Annahme werden die Antworten der Exploranden in Alternativdaten überführt, und mithilfe eines auf *Fishers* „Exaktem Test" aufbauenden Computer-Programmes werden Überschreitungswahrscheinlichkeiten berechnet.
4. Depressive Äquivalente, wozu in Anlehnung an *Malmquist* (1971) auch psychosomatische Beschwerden gerechnet werden, nehmen im Rahmen der präsuizidalen Entwicklung eine bevorzugte Stellung ein.
5. Die präsuizidale Symptomatik bei Kindern und Jugendlichen läßt sich mit derjenigen des Erwachsenen (*Ringel* 1969) nicht voll zur Deckung bringen.

Zur statistischen Überprüfung der ersten beiden Hypothesen wurden die Tafeln von *Bunke* (in: *Weber* 1972) verwendet, der für binomial verteilte Werte „Neue prozentuale Konfidenzgrenzen" bestimmt hat. Als Stichprobenumfang wurde ein N=40 gewählt und für sämtliche statistischen Berechnungen ein $\alpha = 0{,}05$.

Die Prolektivstudie (*Feinstein* 1977), ein Projekt der Heidelberger Klinik für Kinder- und Jugendpsychiatrie, wurde im Zeitraum zwischen August 1978 bis Januar 1980 durchgeführt. Es wurden 40 Kinder und Jugendliche im Alter zwischen 9;1 und 18;5 Jahren im Anschluß an einen Suizidversuch bis auf zwei selbst befragt, um die Einheitlichkeit der Datenerhebung zu gewährleisten. Die Untersuchungsstichprobe setzt sich aus 32 Mädchen und 8 Jungen zusammen. Bei Aufteilung der Gesamtstichprobe in Teilstichproben nach dem Alter waren es 8 Kinder, die das 13. Lebensjahr noch nicht vollendet hatten, 20 Patienten im Alter zwischen 13 und

15 Jahren und 12 Patienten im Alter zwischen 16 und 18 Jahren. Es sind fast ausschließlich Tablettenintoxikationen. Bis auf zwei Fälle „schizophrener Psychose" und einem „Verdacht auf endogene Depression" können die im Zusammenhang mit dem Suizidversuch erhobenen Diagnosen dem Bereich der „kleinen kinder- und jugendpsychiatrischen Störungen" (Verhaltensstörungen, Neurosen, Reifungskrisen etc.) zugeordnet werden. Die körperliche Untersuchung erbrachte bis auf wenige Ausnahmen keinen nennenswerten organpathologischen Befund. Die wichtigsten Ergebnisse lassen sich folgendermaßen zusammenfassen, wobei Bezug auf die eingangs formulierten Hypothesen genommen wird:

1. Präsuizidale Symptome wurden von allen Kindern und Jugendlichen angegeben. Die Angaben über den Zeitraum der berichteten Veränderungen schwankten zwischen einem halben und zwei Jahren (Extremwerte nicht berücksichtigt).
2. Wie erwartet, ließ sich für die Mehrzahl der Befragten eine einheitliche Symptomatik eruieren. Vier Merkmale des Explorationsschemas erwiesen sich dabei als signifikant. Sie wurden von 32 Patienten genannt, das sind 80% der Untersuchungsstichprobe. Unter Verwendung der Tafeln von *Bunke* ist dabei in der zugeordneten Grundgesamtheit mit einer prozentualen Häufigkeit zu rechnen, die zwischen den Werten 65,2 und 90,3 liegt. Der Tafelwert (65,2) überschreitet den kritischen Wert von 60 (60%). Folgende Merkmale werden deshalb unter der Bezeichnung *„Präsuizidales Syndrom bei Kindern und Jugendlichen"* zusammengefaßt:

2.1 „Konkrete Vorstellungen über die Durchführung eines Suizidversuchs" (f=40)*
Wie die Exploration ergab, existierten bei allen Befragten bereits in der frühen präsuizidalen Phase genaue Kenntnisse über Wahl und Beschaffung von Suizidmitteln, noch ehe der Suizid ernsthaft in Erwägung gezogen wird.

2.2 „Suizidgedanken in der Anamnese" (f=36)
Es folgt eine Zeitspanne intensiver gedanklicher Beschäftigung mit dem eigenen Suizid, während der die Vorstellung, einen Selbstmordversuch zu unternehmen, für den Betreffenden zunehmend an Vertrautheit gewinnt.

2.3 „Dysphorische Verstimmungen" (f=36)
Die Patienten berichten, daß sie sich während der Zeitspanne, die dem Suizidversuch vorausging, häufig traurig oder gekränkt gefühlt haben, niedergeschlagen gewesen sind, sich nicht mehr freuen konnten, oft den Tränen nahe gewesen sind oder geweint haben.

2.4 „Psychosomatische Äquivalente" (f=37)
Gleichzeitig kommt es zum Auftreten körperlicher Beschwerden, wobei Schlafstörungen, Veränderungen des Eßverhaltens (vor allem Appetitlosigkeit in Verbindung mit Gewichtsabnahme), Müdigkeit, Konzentrationsstörungen, orthostatische und vegetative Irritationen dominieren.

3. Die beschriebene Konstellation präsuizidaler Symptomatik findet sich mit vergleichbarer Häufigkeit auch bei den Teilstichproben, gebildet nach Alter und Geschlecht. Eine Geschlechtsabhängigkeit zeigt sich für die beiden psychosomatischen Äquivalente „Orthostatische (inclusive vegetative) Beschwerden" und „Konzentrationsstörungen". Diese Symptome wurden ausschließlich von Mädchen berichtet.

* f = Häufigkeit des Merkmals in der Stichprobe der Befragten

4. Mit Beziehung auf die Klassifikation von *Kielholz* u. *Gastpar* (1976) für Erwachsene sowie diejenige von *Malmquist* (1971) für Kinder und Jugendliche erscheint es gerechtfertigt, die einzelnen Merkmale des postulierten Syndroms als depressive Äquivalente zu werten.
5. Der beschriebene Symptomenkomplex unterscheidet sich vom präsuizidalen Syndrom des Erwachsenen (*Ringel* 1969) durch das Hinzutreten psychosomatischer Beschwerdebilder.

Der dargestellte syndromatische Entwurf erhebt weder den Anspruch auf Vollständigkeit noch auf Spezifität. Es sind andere psychopathologische Entwicklungen denkbar, die sich durch ähnliche Konstellationen wie die skizzierten ankündigen. Es kann auch nicht ausgeschlossen werden, daß ein Teil der Kinder und Jugendlichen, bei denen die Merkmale des präsuizidalen Syndroms angetroffen werden, niemals einen Suizidversuch unternimmt. Auf das Problem „falsch positiver Ergebnisse" bei der Vorhersage seltener Ereignisse hat *Rosen* (1954) hingewiesen. Würde man, um diesem Dilemma zu entgehen, die „cutting line" von Risikoindices erhöhen, wie es *Motto* u. *Heilbron* (1976) versucht haben, und Trennvariablen aussondern, die nur auf Selbstmordgefährdete zutreffen, liefe man andererseits Gefahr, den Anteil „falsch negativer" Befunde zu erhöhen, also Individuen als „nicht suizidal", einzustufen, obwohl sie suizidal sind. Um letztgenannten Fehler weitgehend auszuschalten, erscheint es sinnvoll, die Merkmale des beschriebenen Syndroms als „Risikoindikatoren hohen Ranges" anzusehen, bei deren Vorliegen mit dem Auftreten von Suizidversuchen (oder gar vollendeten Suiziden) gerechnet werden muß.

Eine Abschätzung der akuten Suizidalität ist mit dem postulierten Merkmalskomplex nur begrenzt möglich. Er eignet sich aber insbesondere dafür, suizidale Entwicklungen bei Kindern und Jugendlichen bereits in einem frühen Stadium zu erkennen und damit rechtzeitig entsprechende Hilfsmaßnahmen einleiten zu können.

Literatur

Bunke, O., in: Weber, E.: Grundriß der biologischen Statistik, 7. überarb. Aufl. Fischer, Stuttgart 1972

Bergstrand, C.G. and Otto, U.: Suicidal attempts in adolescence and childhood. Acta Paediatrica 51 (1962) 17–26

Feinstein, A.R.: Clinical Biostatistics, The Mosby Company, Saint Louis 1977

Jacobs, J.: Selbstmord bei Jugendlichen. Kösel, München 1974; Titel der amer. Originalausg.: Adolescent Suicide, 1971 by John Wiley & Sons, Inc.

Kielholz, P., Gastpar, M.: Notizen zur Senkung „Erkennen und Behandeln depressiver Erkrankungen", mit Eidophor CIBA-GEIGY am 25. Deutschen Kongreß für ärztliche Fortbildung, Berlin, 8.–12.Juni 1976

Kind, H.: Psychiatrische Untersuchung, Springer, Berlin, Heidelberg, New York 1979

Löchel, M.: Unveröffentlichter „Leitfaden für die Exploration der präsuizidalen Symptomatik bei Kindern und Jugendlichen", Heidelberg, Klinik für Kinder- und Jugendpsychiatrie 1978.

Malmquist, C.P.: Depressions in childhood and adolescence, New Engl. J. Med. Vol. 284 (1971)

McIntire, M.S.: Recurrent Adolescent Suicidal Behavior, Pediatrics Vol. 60 (1977)

Motto, J.A., Heilbron, D.C.: Development and Validation of Scales for Estimation of Suicide Risk, 5. In: Shneidman (ed.), Suicidology, Contemporary Developments, Grune & Stratton, New York 1976

Nissen, G.: Pubertätskrisen und Störungen der psychosexuellen Entwicklung, in: Lehrbuch der speziellen Kinder- und Jugendpsychiatrie, hrsg. von Harbauer u. Mitarb.. Springer, Berlin, Heidelberg 1976

Otto, U.: Changes in the behaviour of children and adolescents preceding suicidal attempts, Acta Psychiatrica Scandinavica 40 Fasc. 1 (1964)
Otto, U.: Suicidal Attempts in Childhood and Adolescence, in: A Depressive states in childhood and adolescence, hrsg. von A.-L. Annell. Almquist & Wiksell, Stockholm, 1972
Pöldinger, W.: Die Abschätzung der Suizidalität, Huber, Bern, Stuttgart 1968
Remschmidt, H., Schwab, Th.: Suizidversuche im Kindes- und Jugendalter, Acta paedopsychiat. 43 (1978) 197–208
Ringel, E.: Der Selbstmord – Abschluß einer krankhaften psychischen Entwicklung. Maudrich, Wien 1953
Ringel, E. (Hrsg.): Selbstmordverhütung, Huber, Bern/Stuttgart/Wien 1969
Rosen, A.: Detection of Suicidal Patients, An Example of some Limitations in the Prediction of Infrequent Events. J. Cons. Psychol., Vol. 18 (1954)
Schmidtke, A.: Möglichkeiten psychometrischer Verfahren bei der Abschätzung suizidalen Verhaltens Jugendlicher, Suicidprophylaxe 3 (1976)
Shaffer, D.: Suicide in childhood and adolesence, J. of Child Psychol. and Psychiat. 15 (1974) 275–291
Stierlin, H.: Eltern und Kinder, Buchclub Ex Libris, Zürich 1978
Stober, B.: Familien von suizidalen Kindern und Jugendlichen, Familiendynamik 3 (1978).
Teicher, J.D., Jacobs, J.: Adolescents who attempt suicide, Amer. J. Psychiat. 122 (1966) 1248–1257
Thomas, Kl. in: SELECTA 25, 19. Juni 1978

Suizidversuche Minderjähriger – Aspekte ihrer Beurteilung

Friedrich Danke

Zusammenfassung

Etwa 1/3 der psychiatrischen Konsiliartätigkeit einer Universitätsklinik zwischen 1972 und 1980 galt allein Suizidversuchen. Über 13% davon gehören zur Altersgruppe der noch nicht 18-jährigen.

In einer oft nur kurzen Begegnung mußte entschieden werden, ob sich eine stationäre Behandlung wegen des Suizidversuchs anschließen sollte. Dabei diente diese Entscheidung sowohl dem Versuch der diagnostischen Zuordnung als auch der prognostischen Beurteilung.

Kaum beachtet wird dabei, daß Minderjährige, vielleicht auch geprägt vom Zeitgeist und von ihrer individuellen Umwelt, sehr wohl ausschnitthaft konkrete Vorstellungen davon haben und auch vortragen, was nach dem Suizidversuch geschehen sollte oder nicht geschehen soll. Obwohl Eltern rein juristisch Einfluß nehmen könnten, wird keine Hilfe ohne Zustimmung und Bereitschaft des betroffenen Minderjährigen wirksam möglich. Damit entscheiden sie praktisch selbständig und nehmen so eine Chance ihrer autonomen Entwicklung wahr.

Bekannte Einzelheiten, wie größere Zahl der weiblichen Suizidenten dieser Altersgruppe und häufige Ursachen, wie pubertäre Lösungsspannungen oder Partnerkonflikte, waren zu bestätigen.

Selbst Konsiliaruntersuchungen können zeigen, ob der Suizidversuche die Qualität eines Krankheitssyndroms hat oder einen Platz zwischen unkalkuliertem Fluchtversuch oder berechneter Autoaggression einnimmt.

Wenn in einer Schule ein junger Mensch sich mit Benzin übergießt und sich verbrennt, in einer anderen Schule das Leben eines jungen Menschen nach Selbstvergiftung endet, rückt das Suizidproblem dramatisch in das Blickfeld der Öffentlichkeit. Immerhin waren 1977 in der Bundesrepublik Deutschland allein 40% der 14 000 vollzogenen Suizide jünger als 45 Jahre alt (*Venzlaff* 1980). Zu ihnen zählt eine relativ große Gruppe von Jugendlichen und Kindern.

Das Suizidproblem gehört zum nervenärztlichen Alltag. Bei Konsiliarbesuchen in anderen Kliniken begegnen uns auch dort noch nicht 18 Jahre alte Menschen, die sich das Leben nehmen wollten.

Unter 104 Patienten mit Suizidversuchen zwischen April 1972 und Oktober 1980 waren 14 jünger als 18 Jahre (hier handelt es sich nur um einen Ausschnitt einer ausgedehnten Konsiliartätigkeit).

Wir haben die noch nicht volljährigen jungen Menschen in anderen Kliniken aufgesucht, weil uns die meist internistischen Kollegen fragten, ob Suizidalität weiter gegeben ist und was mit den Patienten nun geschehen soll.

Obwohl rein juristisch die Eltern bis zum 18. Lebensjahr über das körperliche und seelische Wohl und Wehe ihrer Kinder entscheiden dürfen, also auch darüber, was jetzt weiter geschehen soll, wird dies praktisch nur bei erklärter Zustimmung der Jugendlichen und Kinder möglich sein, abgesehen von der verschwindend kleinen Zahl von Patienten, die gegen ihren erklärten Willen vormundschaftsgerichtlich vertreten werden müssen.

Suicidversuche (konsil. Kasuistik)

April 1972 bis Oktober 1980

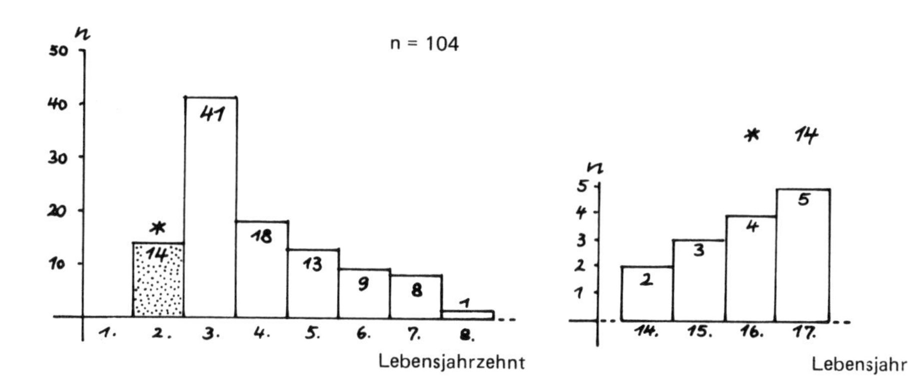

Abb. 1 Altersverteilung konsiliarisch untersuchter Suizidversuche

Was nützt uns die erzwungene Fortbehandlung in einer psychiatrischen Klinik, wenn die Motivation zur Betreuung fehlt und von vornherein der jugendliche Suizident eine aktive Rolle nicht annimmt?

Wird die Selbständigkeit des jugendlichen Suizidenten angezweifelt, so wird ein häufig gespanntes Verhältnis vor allem zu den Eltern nur noch mehr belastet – so etwa wie der Vater einer unserer Patientinnen nach Abwarten dann doch ablehnte, seine Zustimmung zu einer stationären Behandlung zu geben, um nicht den weiterschwelenden Konflikt zu seiner Tochter zu verstärken. Welche Eltern handeln schon bewußt gegen den Willen ihrer halbwüchsigen Kinder, bei den ohnehin in einer biologischen Krisenzeit gespannten Verhältnissen?

Kasuistisch zeigten unsere 14 jugendlich-minderjährige Suizidenten allgemein übliche Häufigkeiten. Es waren bis auf einen 16-jährigen nur weibliche Suizidenten. Medikamente waren das Mittel für den Suizidversuch und gestörte Beziehungen in der Familie oder zu anderen Menschen waren häufig.

Ob unsere Kasuistik repräsentativ ist, läßt sich nicht entscheiden. Die erkennbaren Konflikte sind jugendtypisch. Sie betreffen die Lösung aus dem Elternhaus und Probleme der Partnerbindung. Reifungs- oder Entwicklungsstörungen fielen auf. Zwar fanden sich keine Psychosen oder psychisch gravierende Störungen, aber 6 von 14 hatten entweder Rauschmittelkontakt oder zeigten Medikamentenabhängigkeit oder auch Alkoholabhängigkeit.

Das Angebot zu einem Katamnesegespräch haben nur zwei angenommen, eine frühere Patientin selbst und eine Mutter, die noch heute Sorgen um ihre jetzt erwachsene Tochter hat.

Wir haben erkennen müssen, wie schwierig es ist, katamnestische Informationen zu bekommen. Wir schrieben bewußt an die ehemaligen Suizidenten direkt, die jetzt meist volljährig waren. Nur 3 von 14 reagierten überhaupt. Davon war eine Reaktion der Eltern der damals jüngsten Suizidentin unerwartet ablehnend.

In den zwangsläufig kurzen Begegnungen der Konsiliaruntersuchung soll möglichst im Zeitraffer das Wesentliche der im Suizidversuch eskalierten Verflechtung von Spannungen erkannt und gelöst werden.

Solche Spannungen aber, die aus dem Mißverhältnis zwischen aktiver und passiver Hinwendung zu anderen Personen, ob es nun Eltern, Kinder oder Partner sind, resultieren, bedürfen geduldiger und zeitaufwendiger Entwirrung. Mit einer aktiven und behutsamen aber bestimmten Kontaktnahme versuchen wir, das Konfliktknäuel zu erfahren, grob aufzufasern und Hilfen anzubieten, allerdings mit einem Appell an die Mitarbeit des Suizidenten.

Die von Gesellschafts- oder Familiennormen gekennzeichneten interpersonalen Beziehungen unterliegen vielfältiger Verformung durch Außeneinflüsse, die häufig auch Kommunikationsprobleme sind. Lösungsversuche der Probleme auf dem Wege passiver Erfüllung bedeuten Verstärkung der jugendlich-rezeptiven Haltung. Sie verbauen eigene Aktivität der jungen Menschen bei der Entwicklung von Beziehungen.

Schwierigkeiten bietet auch ein anderes Problem. Der Hinweis einer Suizidentin, die unter 18 Jahre alt, den konsultierten Nervenarzt auf dessen Schweigepflicht den Eltern gegenüber aufmerksam machte, zeigte die Diskrepanz zwischen entwikkelten Einsichten einer jugendlichen Persönlichkeit zum Schutz eigener Vorstellungen und Handlungen einerseits und andererseits dem natürlichen Anspruch von Eltern, manchmal erst im Suizidversuch aufgebrochene Spannungen – oder Ängste ihrer Kinder, vielleicht auch Ursachen, kennenzulernen. Diesen Anspruch hatte diese Suizidentin noch nicht verstanden.

Das Schweigerecht des Suizidenten ist eine Form seiner Selbstdarstellung – aber auch Form einer Selbstbegrenzung. Diese Form der Selbstbegrenzung, quasi auffaßbar als der Versuch der Wiedergewinnung eines eigenen Standpunktes, trotz Demonstration einer vorübergehend desintegrierten Persönlichkeit, erschwert jedoch die Aufdeckung verschiedenster Motive.

Zusätzlich waren sowohl Übertragungsphänomene und Projektionen in den Untersucher als auch manchmal Aggressionen gegen eine vermeintlich zusätzliche, als störend empfundene Autorität im Arzt nicht zu vermeiden. Es galt zu erkennen, ob der junge Mensch bereit ist, zur Überwindung seiner Konflikte beizutragen.

Es ist wichtig, ob uns die kurze Begegnung Gelegenheit gibt, Entwicklungschancen des jungen Menschen zu erkennen. Ohne die Berücksichtigung der familiären Situation mit ihren Einflüssen und Reaktionen auf jugendliche Entwicklungsstufen, aber auch mit ihrer Wirkung auf etwa bereitliegende psycho-physische Entwicklungsdisharmonien, ist eine Betreuung nach dem Suizidversuch nicht möglich.

Nicht zuletzt muß entschieden werden, ob etwa doch eine psychische Erkrankung oder behandlungsbedürftige Störung hinter der Selbstaggression wie im Suizidversuch steht.

Trotzdem müssen wir eingestehen, daß uns eine hieb- und stichfeste, sicher wünschenswerte Kategorisierung mit prognostischen Aussagen (*Dührssen* 1967) unmittelbar am Krankenbett nicht immer möglich ist. Nicht einmal alle geforderten Betreuungsstadien (*Ringel* 1969) wie etwa der exakten psychiatrischen Diagnosestellung oder der intensiven Nachbehandlung konnten wir immer erfüllen.

So raten wir im Sinne eines praktischen therapeutischen Nahziels (*Dührssen* 1967) zur Rückkehr in elterliche Obhut, zur Fortsetzung der abgebrochenen Lehre oder der Schulpflichten, zur Abwendung von Medikamenten und Alkohol und zur Verbesserung der Beziehungen zu Eltern, Partnern und Freunden.

Daß Kinder und Jugendliche die Möglichkeit der endgültigen Lebensabwendung wählen, um eine Scheinlösung eigener Probleme zu finden, ist das eigentlich Alarmierende. Gerade für junge Menschen, allgemein erfahrungsärmer in interpersonalen Beziehungen, erscheint die Wahl des Suizidversuchs als Problemlösung besonders fragwürdig als Form des Umgangs mit Konflikten. Wir sind überzeugt, daß in Begegnungen mit dem wegen des Suizidversuchs hinzugezogenen Nervenarzt Weichen für weitere Betreuung gestellt werden können. Wir suchen stets ein Elterngespräch, allerdings mit Rücksicht auf den Grad der Reserve des minderjährigen Suizidenten zu dieser Form der Erstbetreuung – falls nötig – auch unabhängig vom erklärten Wunsch der Minderjährigen.

Wenn der Suizidversuch im Suizid endet und so untauglich bleibt bei dem meist nicht zu Ende kalkulierten Suizidversuch, der mit irgendeiner Erpessung irgendein Wunschziel doch noch erreichen soll, ist er die Demonstration einer unaufgelösten Spannung.

Suizide als Protest, Anklage oder Demonstration – Suizidversuche als Formen autonomer Problemlösung oft mit Erpressungsabsichten ähnlich wie im Erwachsenenalter, sind codierte Hilferufe.

Es ist heikel und schwierig zugleich, in einer konsiliarischen Kurzuntersuchung abzuschätzen, ob eine aktuelle oder auch latente Suizidalität weiter gegeben ist und ob eine behandlungsbedürftige psychische Störung vorliegt. Zur Prognose, ob die Suizidalität anhält, gehört die Beurteilung, ob nach dem Suizidversuch ein präsuizidales Syndrom (*Ringel* 1969) weiterbesteht, auch wenn Selbstaggression und Suizidphantasien mit dem Suizidversuch meist gelöscht sind (*Harbauer* 1973).

Mir scheint, daß die Möglichkeit Eltern auch ohne die ausdrückliche Zustimmung der Suizidenten zu hören, noch am ehesten eine ausreichende prognostische Beurteilung erlaubt.

Häufig wünschen sich die jungen Menschen, sobald als möglich in ihre alte Umgebung und ins Elternhaus zurückzukehren. Nicht zuletzt kann eine stationäre Behandlung in einer psychiatrischen Klinik, häufig auch in geschlossener Abteilung, aufdeckend ein nicht immer gewünschtes zusätzliches Konfliktbewußtsein schaffen. Außerdem kann die unausgesprochene Peinlichkeit nach einer suizidalen Handlung zum Auslöser neuer Aggressionen werden, gegenüber den Eltern und denen, die helfen wollen. Eine vielleicht aufkeimende Motivation, sich einer psychiatrischen Betreuung bei den verschiedenen Problemen anzuvertrauen, kann wieder vergehen.

Häufig sind suizidale Handlungen Ausdruck einer aktuellen, aber vorübergehenden Hilflosigkeit. Ihr treten wir nicht nur in klassischer psychiatrischer Behandlung entgegen, sondern auch in den verschiedenen Formen angebotener Beratung.

Prinzipielle Voraussetzung dafür ist die möglichst ungestörte Zustimmung der Suizidenten, auch wenn sie noch minderjährig sind. Ganz gleich, welche Entwicklungsstufe sie erreicht haben, gegen ihren erklärten Willen sollten Minderjährige nur in Behandlung gebracht werden, wenn wir fest vom Krankheitswert des Symptoms Suizidversuch oder anhaltender Hilflosigkeit auch schon bei kurzer Begegnung überzeugt sind.

1972 hat Otto eindrucksvoll auf die über die ärztliche Hilfe beim Suizidversuch weit hinausreichenden Möglichkeiten hingewiesen:

„Ob wir Eltern, Verwandte, Fachleute oder wer wir auch immer sind, wir sollten empfindlich für Suizidsignale sein . . . selten haben Eltern, Lehrer, Ärzte und andere solch eine Chance, sich aktiv in das Leben eines jungen Menschen einzuschalten, wie nach einem Suizidversuch“.

Literatur:

Dührssen, A.: Zum Problem des Selbstmordes bei jungen Mädchen. Beih. z. Praxis der Kinderpsychologie und Kinderpsychiatrie 9 (1967)
Göllnitz, G.: Neuropsychiatrie des Kindes- und Jugendalters. VEB Verlag G. Fischer, Jena 1975
Harbauer, H.: Selbstmordhandlungen bei Kindern. Dtsch. Ärzteblatt 70 (1973) 491–493
Otto, U.: Suicidal Acts by Children und Adolescents. Acta psych. Scand. Suppl. 233 (1972)
Ringel, E.: Selbstmordverhütung. Huber, Bern-Stuttgart-Wien 1969
Venzlaff, U.: Die Lebenssituation alter Menschen im Hinblick auf die Suizidgefährdung. Münch. med. Wschr. 122 (1980) 671

Inanspruchnahme von Diensten einer Kinder- und Jugendpsychiatrischen Klinik nach suizidalen Handlungen – Indikationen und Diagnosen*

Hans G. Eisert

Zusammenfassung

Es wird über Erfahrungen mit einem Konsiliardienst der Kinder- und Jugendpsychiatrischen Klinik am Zentralinstitut für Seelische Gesundheit in Mannheim berichtet, der allen Kliniken in der Stadt zur Verfügung steht. Mehr als ein Drittel der Patienten, die Suizidhandlungen ausgeführt hatten, benötigten eine stationäre Behandlung, fünf waren unter 12 Jahren. 1979 waren 19% der stationär behandelten Patienten Suizidanten. Es werden Indikationen zur stationären Behandlung besprochen sowie der Zusammenhang suizidaler Handlungen mit klinisch-psychiatrischen Syndromen.

„Suizidale Handlungen" und Inanspruchnahme

Es wird berichtet über die Inanspruchnahme konsiliarischer, ambulanter und stationärer Dienste der Kinder- und Jugendpsychiatrischen Klinik am Zentralinstitut für seelische Gesundheit in Mannheim im Gefolge suizidaler Handlungen sowie deren diagnostische Zuordnung auf der ersten Achse des multiaxialen Klassifikationsschemas für psychiatrische Erkrankungen im Kindes- und Jugendalter nach *Rutter, Shaffer* und *Sturge (Remschmidt & Schmidt* 1977) – dies an Hand von Daten aus unserer Dokumentation der Jahre 1978 und 79. „Suizidale Handlungen" sind im Dokumentationssystem in einer diagnose-ergänzenden Symptomliste aufgeführt, d.h. also nicht klinisch-psychiatrischen Syndromen von vornherein zugeordnet. Suizidale Handlungen werden in unserer Dokumentation als globaler, nicht näher spezifizierter Begriff gebraucht, der verschiedenste parasuizidale Handlungen wie auch eindeutige Tötungsabsichten umfaßt.

Die Klinik unterhält einen Konsiliardienst für die Hauptaufnahme der städtischen Krankenanstalten oder jede andere unfallmäßig angefahrene Mannheimer Klinik, der häufig bei suizidalen Patienten in Anspruch genommen wird. Tab. 1 gibt die Anzahl der Episoden nach suizidalen Handlungen und die Inanspruchnahme verschiedener Dienste der Klinik für 1978 und 1979 wieder. Anschließend ambulant oder stationär behandelte Patienten sind dabei nicht mehr als konsiliarisch gezählt worden.

Der Prozentanteil der suizidalen Handlungen an den insgesamt behandelten Fällen beträgt 9,2%. Erwartungsgemäß sind weibliche Patienten überrepräsentiert: 120 zu 48. Zählt man die Behandlungsepisoden, kommt man auf 9,8%. Auffällt, daß mehr als 1/3 der Patienten mit suizidaler Handlung stationärer Behandlung bedarf. 1979 haben Patienten mit Selbstmordversuch 19% der stationär Behandelten ausgemacht (1976 waren es 14%).

*Mein Dank für die Computerarbeit gilt Dipl.-Psych. *P.M. Schieber*

Tabelle 1 Anzahl der Episoden nach suizidaler Handlung und Inanspruchnahme konsiliarischer, ambulanter und stationärer Dienste 1978 und 1979

		Anzahl der Episoden
nur konsiliarisch		48
ambulante Behandlung		75
stationäre Behandlung		69
	N =	192
Insges. behandelt		1969
%-Anteil suizid. Handlungen		9,8%

Alter

Zum Alter der Patienten (Abb. 1): neben dem allmählichen Anstieg zum Gipfel um 16 bis 17 Jahre fällt ins Auge, daß bereits drei achtjährige mit suizidalen Handlungen imponieren, die zu psychiatrischer Intervention führten.

Vereinfacht, handelt es sich um Kinder, die unter anomischen Verhältnissen aufwachsen – in sozial benachteiligter Umgebung und/oder mit psychiatrischen Auffälligkeiten in der Familie: Vater Alkoholiker, geschieden; die Mutter kommt mit den sieben Kindern nicht zurecht – Vater Haftstrafe, Mutter „Nervenzusammenbruch", das Kind, in der Lernbehindertenschule ständig gehänselt, wirkt retadiert; nimmt für seinen Suizidversuch die Tabletten der Mutter. – Das Mädchen will in eindeutiger Tötungsabsicht vom Dach springen. Bei dem drei Jahre älteren Bruder, zuvor in kinderpsychiatrischer stationärer Behandlung, wurde ein Asperger-Syndrom diskutiert. Er rede oft davon, sich umzubringen. . .

Der Literatur zufolge (*Paulson* u. Mitarb. 1978; *Pfeffer* 1981) wird (para-) suizidales Verhalten gehäuft in der Familie von Kindern mit suizidalen Handlungen beobachtet, sowie eine erhebliche Familienpsychopathologie. Nach *Paulson* u. Mitarb. (1978) und u.a. *Pfeffer* (1979) zeichnen sich kindliche Selbstmordversuche durch „Grausamkeit" aus, wobei das Springen aus der Höhe als Methode hervorgehoben wird (*Paulson* u. Mitarb. 1978), während Intoxikationen mit Medikamenten seltener sein sollen (bei uns zwei von drei Achtjährigen).

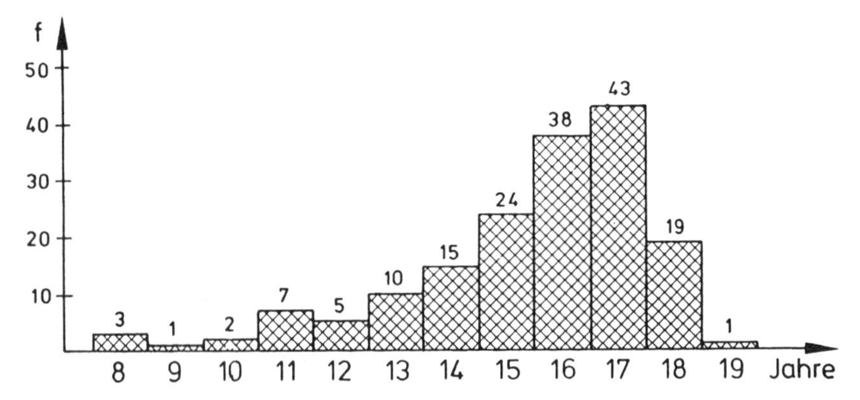

Abb. 1 Kinder- u. Jugendpsychatrische Klinik 1978/79 Suizidale Handlungen und Alter (168 Fälle)

Von den stationär Behandelten sind fünf unter zwölf Jahren, 58 älter als zwölf. (Daß hier mit 18 Jahren Suizidversuche abnehmen, findet natürlich seinen Grund darin, daß Patienten über 18 Jahren bereits in den Zuständigkeitsbereich der Erwachsenenpsychiatrie fallen).

Zu den Indikationen und Kriterien stationärer Aufnahme

Mehr als 1/3 wird als stationär behandlungsbedürftig von dem aufnehmenden Arzt erachtet. Was sind die Indikationen? Welcher Kriterien bedient sich der Kliniker bei seiner Entscheidung, jemanden aufzunehmen oder es bei einer ambulanten Betreuung zu belassen? Befragt man die Kliniker, was sie zu einer Aufnahme veranlaßt, – welcher Entscheidungsregeln sie sich bedienen, so erhält man eine breite Palette von Antworten, die widerspiegeln, was hierzu auch die Literatur zum unmittelbaren Wiederholungsrisiko füllt (*Herjanic* und *Welner* 1980; *McIntire* und *Angle* 1980). Schon wegen der geringen Zahl der in unserer Klinik befragten Kollegen, nicht zuletzt aber auch aufgrund des anzunehmenden Hiatus zwischen dem Mitgeteilten und dem, wie in der Untersuchungssituation wirklich gehandelt wird, soll darauf verzichtet werden, das Erfragte in eine quantitative, in tabellarische Form zu gießen.

Die psychodynamischen Aspekte – Übertragungsphänomene – deutet eine Antwort an: Ich nehme den Patienten auf, wenn er mir Angst macht . . . Was der Psychiater abzuschätzen trachtet, nachdem er u.a. auch über Häufigkeit und Dauer der Suizidideen erfahren hat: Ist der Patient weiterhin massiv suizidal, kann er sich nicht von seinen Ideen und Absichten distanzieren? Ist er während der Untersuchung gleichbleibend verstimmt? Selbst wenn das unmittelbare Wiederholungsrisiko gering ist: Sind überhaupt die Ressourcen in der Umgebung vorhanden, einen Suizidversuch, wenn nicht zu verhindern, so doch rechtzeitig zu entdecken? Ist dies nicht der Fall, so muß der Patient aufgenommen werden, auch dann, wenn eine Trennung von einem ungünstigen Milieu angezeigt erscheint.

Was für den Kliniker weiterhin bedeutsam erscheint ist die Frage, ob eine depressive Gestimmtheit als Motiv im Vordergrund steht, weil dann die Gefahr eines letalen Ausgangs besonders hoch eingeschätzt wird. Der Selbstmordversuch kann auch als Konfliktlösungsstrategie aufgefaßt und dort eingesetzt werden, wo Hilfe nicht mittels verbaler Forderungen zu erreichen ist. Es bedarf drastischerer Appelle, eine Hilfe erscheint prinzipiell aber noch möglich (*Katschnig* u. Mitarb. 1979).

Neben der Persistenz des Todeswunsches, den Motiven, warum gerade zu diesem Zeitpunkt und an dem gegebenen Ort ein Suizidversuch unternommen wurde, wird v.a. für wichtig erachtet, welche Handlungen ausgeführt wurden. Grausame Tötungsabsichten: Anfassen einer Hochspannungsleitung, Kopfschuß, Erhängen oder bizarre Vorgehensweisen wie zu Fuß an einen entfernten Ort gehen, um dort im Winter zu erfrieren, sind immer auf ein psychotisches Geschehen verdächtig und führen im allgemeinen, wenn nicht intensivinternistische Maßnahmen voranstehen, zur psychiatrischen Aufnahme. Bei einem Suizidversuch mit Tabletten stellt sich u.a. die Frage, woher die Tabletten kommen. Weiß der Patient etwas über ihre Wirkung? Weiß er, angesichts der idiosynkratischen Reaktionen, die abzuschätzen ja häufig schwierig sind, etwas über die Wirkung von Medikamentenkombinationen? Jugendliche können das Letalitätsrisiko der Mittel oft nicht einschätzen. Es wäre verfehlt, von einer objektiv geringen Dosis etwa auf eine schwache Selbsttötungsabsicht zu schließen.

Das ist explorierbar, sowohl beim Patienten als auch bei seiner Umgebung. Direkte Fragen: Warum hast du es gemacht? werden oft für sinnlos erachtet. Das Insistieren auf einer detaillierten Beschreibung der Ereignisse, die dem Suizidversuch vorhergingen, dessen Beschreibung selbst und seiner Konsequenzen liefern die benötigten Informationen.

Verweildauer

Oft geschieht die Aufnahme auch in der Absicht, eine Krisenintervention durchzuführen. Idealiter wird die Patientin, die nach Streit mit Mutter und Freund und schulischen Schwierigkeiten nach einem Suizidversuch zu uns kommt, über Nacht aufgenommen. Es findet ein Gespräch mit Eltern und Freund in der Klinik statt. Sie kann am nächsten Tag in eine ambulante Betreuung entlassen werden. Diese Krisenintervention gelingt aber oft nicht, weil noch andere Probleme als der Suizidversuch in den Vordergrund treten. Nur etwa 1/3 stationär Aufgenommener hat eine Verweildauer von 1 bis zu 14 Tagen (Tab. 2).

Tabelle 2 Suizidale Handlungen und Verweildauer

Verweildauer	ambulant	stationär	
bis 14 Tage	71 (67,6%)	23 (36,5%)	
bis 1 Monat	9 (8,6%)	7 (11,1%)	
bis 2 Monate	9 (8,6%)	15 (23,8%)	
bis 6 Monate	12 (11,4%)	16 (25,4%)	
bis 1 Jahr	4 (3,8%)	2 (3,2%)	
N	105	63	= 168 Fälle

Es ist üblich, die Unterschiede zwischen Suizidgesten, parasuizidalen Handlungen einerseits und „richtigen" Versuchen herauszuarbeiten. Unsere Dokumentation erlaubt eine solche Unterscheidung nicht. Eine allzu deutliche Trennung scheint auch bedenklich, könnte sie doch dazu führen, Personen, die einen eher harmlos anmutenden, oft als hysterisch abqualifizierten Versuch unternehmen, generell als nicht selbstmordgefährdet zu betrachten. Auch der Versorgungsaufwand bemißt sich nicht allein nach der Art der Handlung. Da ist eine 13jährige, die sich am Handgelenk geritzt hat. Niemand nimmt sie auf. Man weiß nicht, wohin mit ihr. Da ist, ein Beispiel für viele, ein Mädchen, das sich in höchst appellativer Weise im Beisein eines allgemeinen Publikums mit einem Strumpf ansatzweise stranguliert. Eine sehr demonstrative Handlung, dennoch höchstens stationär aufzufangen.

Die hohe Strangulierungsfrequenz nimmt erst ab, wenn andere Probleme gelöst werden. Es sind Patienten, die ein hohes Maß an Sozialarbeit erfordern. Mit der Länge der Verweildauer wächst auch die Wahrscheinlichkeit, mit anderen suizidalen

Patienten auf der Station zusammen zu kommen; damit nimmt das Wiederholungsrisiko zu, wie überhaupt eine Ansteckungsgefahr auch für andere Patienten, die bisher nicht durch suizidale Handlungen für auffielen.

Suizidale Handlungen und klinisch-psychiatrische Syndrome

Ob ein Jugendlicher stationär aufgenommen werden sollte, dafür gibt – so etwa *Hudgens* (1974) – die Diagnose den entscheidenden Hinweis. Ernsthaftes Suizidverhalten, auch im Anschluß an erhebliche „Life events", wird im Zusammenhang mit psychiatrischen Störungen gesehen. Der Suizidversuch sage zuerst einmal nicht mehr aus, als daß wahrscheinlich eine psychiatrische Störung vorliegt (*Hudgens* 1974).

Tabelle 3 Suizidale Handlungen und psychiatrische Klassifikation

Psychiatrische Klassifikation	ICD-Diagnose	Suizidale Handlungen	(%)
Keine psychiat. Störung	(0)	4	2,4
Psychosen	(292–299)	6	3,6
Neurosen	(300)	25	14,9
Spez. Sympt.	(307)	0	0,0
Belastungs- und Anpass. Reaktion	(308–309)	40	23,8
Stör. soz. Verh.	(312)	34	20,2
Emot. Störung	(313)	45	26,8
Hyperkin. Syndrom	(314)	3	1,8
Andere	(310–311)	11	6,5
Anzahl der *Fälle*		168	100,0

Tab. 3 verdeutlicht den Sachverhalt, daß suizidale Handlungen keine psychiatrische Diagnose darstellen. Sie kommen bei fast allen psychiatrischen Störungen vor. Sie ziehen, wie die Kategorie „keine psychiatrische Störung" zeigt, auch nicht zwangsläufig eine psychiatrische Diagnose nach sich. (Man wird allerdings davon ausgehen können, daß hier kein Suizidversuch mit letalem Risiko eine solche psychiatrische Einschätzung der psychiatrischen Unauffälligkeiten erfährt).

Wo treten sie gehäufter auf? : Im Rahmen spezifischer emotionaler Störungen des Kindes- und Jugendalters (ICD-Diagnose 313), das sind weniger gut abgegrenzte emotionale Störungen, wie sie vor allem für das Kindesalter charakteristisch sind, etwa mit Niedergeschlagenheit und Unglücklichsein, mit Empfindsamkeit, Scheu und Abkapselung oder mit Beziehungsschwierigkeiten. Mit Beziehungsschwierigkeiten, wenn auch auf eine im allgemeinen drastischere Art, hat die Kategorie „Störungen des Sozialverhaltens" zu tun, mit Störungen nämlich, die hauptsächlich aggressives und destruktives Verhalten oder Delinquenz umfassen – Verhaltensweisen, die sozialer Mißbilligung anheimfallen; sie sind durch gestörte Beziehungen zu anderen, durch Streitsucht, Wutausbrüche und destruktives Verhalten gekennzeichnet. Am zweithäufigsten kommt es bei unseren Patienten zur Diagnose „Belastungs-

und Anpassungsreaktion". Damit ist vor allem etwas über die Dauer der Störung ausgesagt, die als Antwort auf besondere Belastungen mehr oder weniger passager auftritt und oft eher umschrieben ist: Kürzere depressive Reaktionen, Angst, Furchtsamkeit oder auch Trauerreaktionen, die sich gelegentlich in kurzfristigem, aggressiven Verhalten äußern. Es ist etwas über die Dauer der Störung gesagt, damit wohl auch etwas über die – eher günstige – Prognose. „Andere": Darunter fällt auch die Drogenabhängigkeit.

Suizidale Handlungen und Depression

Daß Suizid mit Depression im Zusammenhang steht – jedenfalls in der späteren Adoleszenz – ist offenkundig, wenn etwa von *Miles* (1977) reaktive wie endogene Depression zu jeweils 15% ausgemacht werden. 19 Patienten, das sind 11,3% derjenigen mit suizidalen Handlungen, sind bei uns als „neurotische Depression" (ICD 300.4) klassifiziert worden.

Sicher: Wird als Kardinalsymptom der Depression eine traurige Stimmung angenommen, die noch dazu kurzfristig auftreten kann, so wäre ein Gutteil dieser Patienten depressiv. Wir folgen jedoch der von *Graham* (1974, 1981) vertretenen und auch von *Nissen* (1981) unterstützten Auffassung, daß ein trauriger Affekt bei vielen psychiatrischen Störungen, und eben auch ohne solche auftritt, daß selbst suizidale Handlungen nicht ohne weiteres eine Diagnose „Depression" nach sich ziehen sollen. Was für die Diagnose oft gefordert wird, ist ein durchgehender Mangel, ein Verlust an Freude. Und das ist nun, jedenfalls im Kindesalter, etwas Seltenes: Bei der Isle of Wight-Studie wird einem Achtjährigen auf tausend eine solche Unfähigkeit, sich an irgendetwas zu erfreuen, zugesprochen (vgl. *Graham* 1974).

Suizidale Handlungen kommen bei fast allen diagnostischen Kategorien vor, es mag sich hier die mangelnde Differenzierung des Begriffes „Suizidale Handlungen" widerspiegeln. Allein der unspezifische Charakter von „suizidaler Handlung" läßt eine Streuung über einen breiteren Diagnosebereich erwarten.

Abschließende Bemerkungen

Patienten mit suizidalen Handlungen haben 1978 und 1979 in unserer Klinik 9,2% der Patienten ausgemacht – 19% der stationär Behandelten. Die sich in der höheren Anzahl der Episoden (9,8% der insgesamt in der Klinik Behandelten) ausdrückenden wiederholten suizidalen Handlungen werden typischerweise bei Patienten beobachtet, die ambulante Kontakte nicht aufrecht erhalten können.

Befragt man die Kliniker nach den von ihnen angelegten Kriterien für die stationäre Aufnahme, so bekommt man die Palette der auch in der Literatur genannten, gemeinhin nicht hinlänglich spezifischen Indikationen geboten. In Hinblick auf die Entwicklung von Techniken, die es besser gestatten sollen, das suizidale (Wiederholungs)-Risiko abzuschätzen (*Tischler* 1980; *Pfeffer* 1981), ist eine direkte Beobachtung der Interaktionen zwischen Kliniker und Patienten angezeigt, die nach suizidalen Handlungen in der Kinderklinik, Notfallklinik oder Kinder- und Jugendpsychiatrie gesehen werden. Man wird dann am ehesten die Entscheidungsstrategien des Diagnostikers aufdecken können, die dann ihrerseits mit katamnestischen Kriterien in Verbindung zu bringen wären.

Suizidale Handlungen von Kindern bedürfen besonderer Beachtung; die geringe Zahl vollendeter Suizide sollte keinesfalls dazu führen, eine unmittelbare Lebensbedrohung zu gering einzuschätzen. In jedem Einzelfall muß entsprechend dem psychopathologischen Befund eine gezielte Behandlung eingeleitet werden.

Literatur

Carlson, G.A., Cantwell, D.P.: Unmasking masked depression in children and adolescents. American Journal of Psychiatry 137 (1980) 445–449

Glaser, K.: Suicidal Children – management. American Journal of Psychotherapy 25 (1971) 27–36

Graham, P.: Depression in pre-pubertal children. Developmental Medicine and Child Neurology 16 (1974) 340–349

Graham, P.J.: Depressive disorders in children – a re-considerwation. Acta paedopsychiatrica 46 (1980/81) 285–296

Herjanic, B.U., Welner, Z.: Adolescent suicide. In: Advances in Behavioral Pediatrics, Vol. 1, hrsg. von B. Camp. JAI Press, Greenwich, Conn. 1980, 195–223

Hudgens, R.W.: Psychiatric disorders in adolescents. Williams u. Wilkins, Baltimore 1974

Kashani, J.H., Husain, A., Shekim, W.O., Hodges, K.K., Cytrin, L., McKnew, D.H.: Current perspectives on childhood depression: An overview. American Journal of Psychiatry 138 (1981) 143–152

Katschnig, H., Sint, P., Fuchs-Robetin, G.: Suicide and parasuicide: Identification of high and low risk groups by cluster analysis. In: *R.D.T. Farmer & S.R. Hirsch* (Eds.) The Suicide Syndrome. London: Croom Helm Publishers, 1979

Miles, C.P.: Conditions predisposing to suicide: A review. Journal of Nervous and Mental Disease 164 (1977) 231–246

McIntire, M.S., Angle, C.R.: Suicide attempts in children and youth. Haggerstocon, Md.: Harper & Row, 1980

Nissen, G.: Zur Klassifikation der Depressionen im Kindesalter. Acta paedopsychiatrica 46 (1980/81) 275–284

Otto, U.: Suicidal attempts made by children. Acta Paediatrica Scandinavia 55 (1965) 20–28

Paulson, M.J., Stone, D., Sposto, R.: Suicide potential and behavior in children age 4 to 12. Suicide and Life Threatening Behavior 8 (1978) 225–242

Pfeffer, C.R.: Clinical observations of play of suicidal latency age children. Suicide and Life Threatening Behavior 9 (1979) 235–244

Pfeffer, C.R.: Suicidal behavior of children: A review with implications for research and practice. American Journal of Psychiatry 138 (1981) 154–159

Pfeffer, C.R.: Conte, H.R. & Plutchik, R. et al.: Suicidal behavior in latency age children who threaten or attempt to kill themselves. Journal of the Academy of Child Psychiatry 18 (1979) 679–692

Tishler, C.: Intentional self-destructive behavior in children under age ten. Clinical Pediatrics 19 (1980) 451–452

Suizidhandlungen bei schizophrenen Kindern und Jugendlichen

Christian Eggers

Zusammenfassung

Etwa 10–20% kindlicher und jugendlicher Suizidanten leiden an einer schizophrenen Psychose. Aufgrund von Untersuchungen an 64 schizophrenen Patienten, die im Alter zwischen 13 und 18 Jahren erkrankt sind, ließen sich katamnestische Erhebungen hinsichtlich des Suizidrisikos bestätigen, die früher an einem Marburger Patientengut von 57 Kindern erhoben worden waren, die vor dem 14. Lebensjahr an einer schizophrenen Psychose erkrankt waren. Aus dem Vergleich zwischen den beiden Studien läßt sich schließen, daß das Suizidrisiko bei schizophrenen Kindern und Jugendlichen dem bei erwachsenen Schizophrenen entspricht: etwa 25% Suizidhandlungen in beiden Altersgruppen. Die Rate an geglückten Suiziden liegt bei 4–5%. Die Geschlechtsverteilung war in beiden Kollektiven genau gleich: 50% Mädchen und 50% Jungen, während in einem Normalkollektiv weibliche Suizidanten überwiegen. Sowohl die Psychosen der Marburger als auch der Essener Patienten mit Suizidhandlungen hatten fast ausschließlich paranoid-halluzinatorischen Charakter. 80% der Marburger Patienten wählten aktive Methoden, bei den Essener Patienten mit Suizidversuchen überwogen dagegen die weichen Methoden. Letzteres entspricht dem gegenwärtigen, auch bei der Durchschnittsbevölkerung zu beobachtenden Trend zur Bevorzugung weicher Methoden. Sowohl bei den Marburger als auch bei den Essener Patienten mit Suizidabsichten und Suizidhandlungen überwogen die prämorbid auffälligen gegenüber den prämorbid unauffäligen Charakteren. Ein statistisch gesicherter Zusammenhang bestand in beiden Kollektiven darüber hinaus zwischen abnormen familiären Beziehungen und aktiver Suizidneigung. Knapp 1/3 der Essener und Marburger Patienten mit Suizidideen und -handlungen war familiär mit Suizidhandlungen belastet. Suizidhandlungen kommen nicht nur im Anfangsstadium, sondern auch im späteren Verlauf der Psychose und auch bei bereits persönlichkeitsveränderten Patienten vor. Die Motivation für suizidale Impulse sind heterogen und werden im einzelnen diskutiert.

Untersuchungen von *Bron* (1980), *Duché* (1968), *Otto* (1967), und *Toolan* (1962) kommen zu dem übereinstimmenden Ergebnis, daß etwa 10–20% kindlicher und jugendlicher Suizidanten an einer schizophrenen Psychose leiden. Verläßliche Angaben über den prozentualen Anteil von Suizidhandlungen an einem Gesamtkollektiv schizophrener Psychosen des Kindes- und Jugendalters sind wegen der Seltenheit der Erkrankungen und der Uneinheitlichkeit der Diagnosestellung sehr spärlich. Von 57 vor dem 14. Lebensjahr erkrankten schizophrenen Patienten, die von mir nach einer durchschnittlichen Katamnesenzeit von 16 Jahren nachuntersucht worden sind, hegten 15% Suizidabsichten und 20% unternahmen einen (5 Pat.) oder wiederholte Suizidversuche (6 Pat.). 3 weitere Patienten (5%) töteten sich selbst (Tab. 1). Fast identische Zahlen wurden bei 64 schizophrenen Probanden zwischen 13 und 18 Jahren von meiner Doktorandin, Frau *Vornweg*, erhoben (Tab. 2). Es handelt sich hierbei um Patienten der kinderpsychiatrischen Abteilung des evang. Krankenhauses Essen-Werden, die von Herrn *Förster* geleitet wird und

Tabelle 1 Todesgedanken, Suizidideen und Suizidhandlungen bei 57 schizophrenen Kindern im Alter zwischen 7 und 14 Jahren (Längsschnitt-Studie)

Todesgedanken	14 Patienten	(25%)
Suizidabsichten	9 Patienten	(15%)
Suizidversuche	11 Patienten	(20%)
Suizide	3 Patienten	(5%)
Summe	37 Patienten	(65%)

Tabelle 2 Todesgedanken, Suizidideen und Suizidversuche bei 64 schizophrenen Jugendlichen im Alter zwischen 13 und 18 Jahren (Querschnitt-Studie)

Todesgedanken	14 Patienten	(22%)
Suizidgedanken	9 Patienten	(14%)
Suizidversuche	18 Patienten	(28%)
Summe	41 Patienten	(64%)

dem ich für die Erlaubnis zur Durchführung der Arbeit danke. Die Patienten sind dort zwischen 1973 und 1980 behandelt worden. Aus dem Vergleich zwischen den beiden Studien läßt sich schließen, daß das Suizidrisiko bei schizophrenen Kindern und Jugendlichen dem bei erwachsenen Schizophrenen entspricht: Etwa 25% Suizidhandlungen in beiden Altersgruppen (*Bleuler* 1972, *Eggers* 1974, *Huber* und Mit. 1979). Die Rate an geglückten Suiziden wird in Langzeitstudien recht übereinstimmend mit 4–5% angegeben (Tab. 3).

Die aufgrund von Querschnittsbeobachtungen gewonnene Ansicht, daß Suizidhandlungen vorwiegend zu Erkrankungsbeginn unternommen werden, muß aufgrund unserer Langzeituntersuchungen relativiert werden: Die 3 geglückten Selbstmorde in der Marburg-Studie – so möchte ich abkürzend meine frühere Untersuchung bezeichnen, da es sich dabei um Patienten der Marburger Klinik handelte – ereigneten sich erst 6, 13 und 14 Jahre nach Psychoseausbruch. Suizidversuche wurden bis zu 20 Jahren nach Erkrankungsbeginn beobachtet. Die durchschnittliche Latenzzeit zwischen Psychosebeginn und Suizidversuch betrug 8,4 Jahre (*Eggers* 1974).

Tabelle 3 Suizidrate bei Schizophrenen (Langzeitstudien)

Autor	Pat.-Zahl	%
Bleuler 1972	208	4,5%
Eggers 1973	57	5,4%
Huber et al. 1979	758	4,3%

Während bei den Marburger Patienten nur 2 ihren 1. Suizidversuch unmittelbar nach Psychoseausbruch unternahmen, war dies bei 2/3 der Essener Patienten der Fall (Tab. 4). Dieser Unterschied ist möglicherweise altersbedingt, jugendliche Suizidanten zeigen auch in dieser Hinsicht ein ähnliches Verhalten wie Erwachsene.

Tabelle 4 Zeitpunkt des 1. Suizidversuchs (18 Pat.: Essen-Studie)

Zeitpunkt	Pat.	%
Im 1. Krankheitsjahr	12	67%
Im 2. Krankheitsjahr	3	17%
Im 3. Krankheitsjahr	1	5%
Im 4. Krankheitsjahr	2	11%
Summe	18	100%

Die *Geschlechtsverteilung* war in beiden Kollektiven genau gleich: 50% Mädchen und 50% Jungen. Es besteht also eine Abweichung von der Grundpopulation suizidaler Kinder und Jugendlicher, in der Mädchen überwiegen.

Das *hohe Suizidrisiko* schizophrener Psychosen des Kindes- und Jugendalters wird nicht nur durch die genannten Zahlen sondern auch durch die große Zahl an wiederholten Suizidversuchen belegt: 65% der Marburger Patienten mit aktiven Suizidhandlungen unternahmen jeweils bis zu 15 Suizidversuche; in der Essener Studie waren es 3 Patienten mit maximal 4 Suizidversuchen. Die differierenden Zahlen erklären sich durch die unterschiedliche Katamnesendauer (durchschnittliche Katamnesenfrist der Marburg-Studie: 16 Jahre, in der Essener Studie: 1/2 Jahr).

Unter den Essener Patienten war kein geglückter Suizid, während 3 Patientinnen des Marburger Krankengutes Selbstmord begangen haben. 2 von ihnen hatten zuvor mehrere Suizidversuche unternommen, die andere hatte wiederholt Selbstmordabsicht geäußert. Das ist beachtenswert, da der bekannte Suizidforscher *Stengel* (1969) zu der Feststellung gelangte, daß Probanden mit vorher bekundeten Selbstmordabsichten und Suizidgedanken später nur selten einen vollendeten Selbstmord verübten. Daß Selbstmordabsichten bei schizophrenen Patienten ernst genommen werden müssen, ergibt sich schon daraus, daß über 70% der von uns untersuchten Patienten mit aktiven Suizidhandlungen vorher Suizidabsichten verbalisiert hatten.

Die Marburg- und Essen-Studie belegen das auch bei Erwachsenen-Schizophrenien beobachtete Überwiegen paranoid-halluzinatorischer Formen bei schizophrenen Suizidanten. Sowohl die Psychosen der Marburger als auch der Essener Patienten mit Suizidhandlungen hatten fast ausschließlich paranoid-halluzinatorischen Charakter.

Bei den meisten Suizidversuchen handelte es sich um mißglückte Unternehmungen, deren Gelingen nur durch rechtzeitiges Eingreifen durch Pflegepersonal oder Familienangehörige verhindert werden konnte. Eine der Essener Patientinnen mit 4 wiederholten, z.T. recht grausigen Suizidversuchen überlebte den letzten querschnittsgelähmt nach einem Sturz aus dem 13. Stockwerk eines Hochhauses. Die ganz überwiegende Mehrzahl (80%) der Marburger Patienten wählte *aktive* Methoden, überwiegend Strangulation, sonst Aufschneiden der Pulsadern, Sturz aus großer Höhe, vor den Zug werfen und Sprung ins Wasser. Bei den 18 Essener Patienten mit Suizidversuchen überwogen dagegen die weichen Methoden (Tabletteneinnahme) gegenüber den harten (Tab. 5). Letzteres entspricht dem gegenwärtigen auch bei der Durchschnittsbevölkerung zu beobachtenden Trend zur Bevorzugung weicher Methoden.

Tabelle 5 Angewandte Methoden (25 SV; Essen-Studie)

Methode	Anzahl	Anteil %	♂	♀
Tabletten	15	60%	10	5
Pulsadern öffnen	3	12%	–	3
Absturz	3	12%	–	3
Strangulation	3	12%	1	2
Ertrinken	1	4%	1	–
	25	100%	12	13

In unserer Marburg-Studie fanden wir Zusammenhänge zwischen Suizidversuch und primärcharakterlichen Wesenseigentümlichkeiten: Bei den Patienten mit Suizidhandlungen überwogen die prämorbid auffälligen Charaktere gegenüber prämorbid syntonen Persönlichkeiten signifikant auf dem 0,01% Niveau (χ^2 = 14,6; p = 0,001). Auch bei den 18 Essener Patienten bestand dieser Unterschied, hier allerdings auf dem 1% Niveau (χ^2= 7,44). Wenn man auch die Patienten mit Todesgedanken und Suizidabsichten miteinbezieht, wird die Korrelation zwischen prämorbid auffälligen Wesenszügen und Neigung zur Beschäftigung mit dem Todesthema noch eindeutiger, hier besteht Signifikanz auf dem 0,01% Niveau (χ^2 = 20,3). Betrachtet man aber ausschließlich die 14 Patienten mit Todesgedanken, so ist kein Zusammenhang festzustellen, nicht einmal auf dem 5% Niveau. Dies steht im Einklang mit den Ergebnissen der Marburg-Studie.

Statistisch gesicherte Zusammenhänge bestehen sowohl in der Marburg- als auch in der Essen-Studie zwischen abnormen familiären Beziehungen und aktiver Suizidneigung. Knapp 1/3 der Patienten mit Suizidideen und -handlungen war familiär mit Suizidhandlungen belastet.

Über die für die Suizidhandlungen unserer Patienten maßgeblichen Motive ist in der Regel wenig zu erfahren, sie bleiben letztlich rätselhaft wie die Erkrankung selbst. Nur bei einer der insgesamt 32 suizidalen Marburger und Essener Patienten war so etwas wie ein auslösendes Ereignis zu eruieren: Das 15jährige Mädchen hatte am Tage des Suizidversuchs einen blauen Brief erhalten. Sonstige aktuelle familiäre Schwierigkeiten, schulische oder berufliche Belastungen oder persönliche Konfliktsituationen, die einen Selbstmord hätten verständlich machen können, bestanden nicht. In keinem Fall lag ein Appellcharakter oder eine Fluchtreaktion auf widrige äußere Umstände vor, wie dies häufig bei demonstrativen Suizidversuchen und „parasuizidalen Handlungen" (*Feuerlein* 1971) von Patienten der Fall ist, die sich in einer Lebenskrise befinden. Die autoaggressive Komponente war dagegen bei zahlreichen Suizidhandlungen stark ausgeprägt.

Bei einigen Patienten dürfte der Umschlag von heteroaggressiven Impulsen in autoaggressive Handlungen eine Rolle gespielt haben, wobei bei einem Patienten möglicherweise eine transitivistische Depersonalisation mitgespielt hat, denn er äußerte: „Ich bin voller Mord- und Selbstmordabsichten und ich möchte mich als meine Freundin umbringen". Zahlreiche Suizidversuche wurden offenbar unter dem Einfluß imperativer akustischer Halluzinationen in Phasen katatoner Erregung und akutpsychotischer Verworrenheit unternommen.

Auch sogenannte Defekt-Schizophrene unter unseren Patienten unternahmen Suizidhandlungen. Zu einer Abstumpfung oder Gleichgültigkeit gegenüber der Erkrankung war es bei ihnen nicht gekommen. Ihre Äußerungen zeugten im Gegenteil von tiefer Leidensfähigkeit und zumindest zeitweise auch von Krankheitseinsicht. Sie beklagten die von ihnen registrierte Denkschwäche oder die Unfähigkeit, nicht mehr leistungsfähig zu sein oder sich nicht mehr freuen zu können. Das Leben sei deshalb sinnlos und sie seien es nicht mehr Wert zu leben. Sie haben dafür ihre eigenen Worte wie: Sie fühlten sich „innerlich ganz verbrannt" oder „innerlich leblos und steif". Ein Patient sagte: „früher bin ich gemütsempfindend gewesen, jetzt bin ich schon so ausgegloist"; ein anderer „es ist in mir alles so leer, so schwarz. Mein Ich ist anders geworden. Ich habe keine Lust mehr zu leben". Ein weiterer Patient drückte die von ihm empfundene Leistungsminderung so aus: Sein Gehirn sei wie eine „Streichholzdose" geworden.

„Nur solange es noch das Dunkel des gelebten Augenblicks gibt, haben wir Zukunft und werden von der Hoffnung bestimmt", so hat es der Tübinger Philosoph *Walter Schulz* in seiner Gedenkrede auf *Ernst Bloch* formuliert. Dem Schizophrenen aber erscheint sowohl das Gegenwärtige als auch das Zukünftige dunkel – weil ohne Hoffnung. Der Selbstmord mag diesen Patienten als der einzig mögliche Ausweg erscheinen, um dem Gefühl des drohenden Zerfalls durch den psychotischen Prozeß zu entgehen. Das Suizidrisiko ist jedenfalls erheblich und Suizidabsichten, die im Rahmen einer schizophrenen Psychose geäußert werden, müssen sehr ernst genommen werden.

Literatur

Bron, B.: Neue Aspekte des Suizidproblems. Fortschr. Neurol. Psychiat. 48 (1980) 556

Bleuler, M.: Die Schizophrenien im Lichte langfristiger Katamnesen, Thieme, Stuttgart 1972

Duché, D.J.: Les tentatives de suicide chez l'enfant et l'adolescent. Acta paedopsychiat. 35 (1968) 345

Eggers, Ch.: Todesgedanken, Suizide und Suizidversuche im Verlauf kindlicher Schizophrenien. Nervenarzt 45 (1974) 36

Feuerlein, W.: Selbstmordversuch oder parasuizidale Handlung? Nervenarzt 42 (1971) 127

Huber, F., Gross, G., Schüttler, R.: Schizophrenie. Verlaufs- und sozialpsychiatrische Langzeituntersuchungen an den 1945–1959 in Bonn hospitalisierten schizophrenen Kranken. Monographien aus dem Gesamtgebiet der Psychiatrie, Psychiatry Series Bd. 21. Springer, Berlin/Heidelberg/New York 1979

Otto, U.: Suicidal attempts made by psychotic children und adolescents. Acta paediat. (Uppsala) 56 (1967) 349

Toolan, J.M.: Suicide and suicidal attempts in children and adolescents. Amer. J. Psychiat. 118 (1962) 719

Latente Suizidalität und chronische Krankheit*

Ingeborg Jochmus

Zusammenfassung

Die Zunahme chronisch verlaufender Krankheiten im Kindes- und Jugendalter bringt besondere psychische Belastungen für Patienten und Eltern mit sich. Diese stehen im engen Zusammenhang mit dem jeweiligen Krankheitsbild und den therapeutischen Notwendigkeiten. Nach klinischen Erfahrungen treten auch Suizidgedanken und Suizidandrohungen auf, während erfolgreiche Suizide selten sind. Es fehlt bisher aber an systematischen Untersuchungen zu diesen Fragen, die dringend notwendig erscheinen.

Möglichkeiten prophylaktischer und therapeutischer Maßnahmen werden erörtert.

Einleitung

Die Tatsache, daß in der Kinderheilkunde mit der Abnahme der Infektionskrankheiten ein Wandel im Krankheitsgeschehen eingetreten ist, läßt es gerechtfertigt erscheinen, zu fragen, ob in Verbindung mit der Zunahme chronischer Erkrankungen auch Probleme der Suizidalität auftreten. Durch die hochspezialisierte somatische Medizin und ihre Möglichkeiten der verfeinerten Diagnostik und Therapie werden als Preis für die Chance zu überleben Kindern, Jugendlichen und ihren Eltern oft erhebliche psychische Belastungen zugemutet.

Eine repräsentative Untersuchung über das Auftreten von Suizidgedanken und Suizidversuchen wie auch über erfolgreiche Suizide liegt in diesem Zusammenhang meines Wissens noch nicht vor. Nach allgemeiner Erfahrung sind erfolgreiche Suizide chronisch kranker Kinder und Jugendlicher sehr selten.

Suizidversuche und Suizide

Bei Anfallskranken wird der Suizid als die häufigste Todesursache genannt (*Janz* 1969). Diese Beobachtung bezieht sich aber auf alle Altersstufen mit einem Durchschnittsalter von 29 Jahren bei durchschnittlicher Krankheitsdauer von 11 Jahren (*Haltrich*, zit. *Janz*). Für *jugendliche Anfallskranke* werden bei der Erörterung der Suizidursachen sehr komplexe, im biologischen und psychischen Bereich liegende hervorgehoben. Es werden Zusammenhänge mit psychotischen Episoden und „psychoneurotischen Reaktionen" erwähnt, letztere in Beziehung zu persistierender Ich-Schwäche seit dem Schulalter.

Für den *juvenilen Diabetes mellitus* nennt *Struwe* (1980) eine Suizidrate von unter 1% bei den Todesursachen. Nach den Poliomyelitisepidemien blieb ein Bilanzselbstmord in depressiven Phasen die Ausnahme. Bei onkologischen wie bei Dialyse-

* Frau Prof. Dr. med. *Annemarie Dührssen* zum 65. Geburtstag gewidmet

Patienten und an Mucoviscidose leidenden Jugendlichen werden Suizide selten beobachtet, was mir durch Rückfragen bei entsprechenden Zentren bestätigt wurde.

Suizidgedanken – Suizidandrohungen

Weinberg (1970) weist darauf hin, daß Suizidabsichten chronisch kranker Jugendlicher nicht in Beziehung zu Krankheitssymptomen stehen, sondern zu der Bedeutung, die die Krankheit für den einzelnen hat oder zu einer ungünstigen Prognose. Bei einer Untersuchung von 4 Jungen und 9 Mädchen im Alter zwischen 12 und 19 Jahren, die als chronisch Kranke Selbstmord androhten und ausführten, stellte er bei den Jungen als bedeutsam fest, daß die körperliche Krankheit als unüberwindliches Hindernis beim Erlangen ihrer männlichen Identität erlebt wurde. Die Mädchen schienen die Krankheit als unerträglich zu erleben, wenn sie die Erfahrung machten, von ihnen wichtigen Personen zurückgewiesen zu werden.

Suizidandrohungen jeglicher Art sollten immer Anlaß zu besonderer Wachsamkeit sein und nicht nur als einfühlbare Augenblicksreaktion verstanden werden. Eine Gesprächsbereitschaft aller Teammitglieder, Ärzte, Schwestern, Psychologen und Pädagogen, ermöglicht eine bessere Einschätzung solcher Äußerungen. Auch eher demonstrativ erscheinende Suizidandrohungen sollten auf ihre Hintergründe hin untersucht werden. Bei einer von uns beobachteten retardierten jugendlichen Diabetikerin mit einem hirnorganischen Psychosyndrom stellten sich als Ursache suizidaler Äußerungen u.a. übermäßige Ängste im Hinblick auf den Umgang mit Gleichaltrigen heraus sowie erhebliche Selbstwertprobleme und Zukunftsängste. Hinzu kam eine sehr konfliktreiche, gespannte familiäre Situation, der sie völlig hilflos ausgeliefert war. Übrigens bestand eine ungeheure Diskrepanz zwischen den Aussagen der Eltern über das Familienklima, es wurde alles beschönigt, und dem, was die Patientin und ihre Geschwister mitteilten. Diese Situation kann bei Suizidproblematik nicht selten beobachtet werden.

Interessant sind die Erfahrungen von *Heffron* u. Mitarb., die sie bei Gesprächen mit Familien gemacht haben, in denen ein Kind an *Leukämie* erkrankt war. Diese Kinder äußerten z.T. suizidale Gedanken, eine Mutter konnte sogar ihr Verständnis dafür zum Ausdruck bringen.

Inwieweit chronisch Kranke die Fähigkeit entwickeln, das veränderte Leben zu akzeptieren und zu bewältigen, ist noch nicht systematisch untersucht worden. Als wir uns mit den Problemen Körperbehinderter und zwar *dysmeler Jugendlicher* vor einigen Jahren befaßten, haben wir u.a. auch Fragen der Depressivität und Suizidalität berücksichtigt und mit Hilfe der von van *Zerssen* entwickelten Selbstbeurteilungsskalen untersucht. Zu unserem Erstaunen mußten wir feststellen, daß die Gruppe der gesunden Gleichaltrigen ein höheres Maß an Depressivität in der Adoleszenz aufwies und daß Suizidgedanken bei Dysmelen seltener vorkamen. Möglicherweise hat sich also im Laufe des Lebens mit einer angeborenen Behinderung eine stärkere Belastbarkeit entwickelt; auch psychosomatische Symptome wurden von ihnen seltener angegeben. Kann sich ähnliches nicht auch bei chronisch Kranken entwickeln? Trotz schwerster Belastung machen wir bei chronisch Kranken im allgemeinen die Beobachtung, daß sie in psychischer Hinsicht lernen sich der Veränderung ihrer Lebenssituation anzupassen, nur eine kleinere Anzahl entwickelt Verhaltensauffälligkeiten. In Einzelfällen kommt es vor, daß ein schwerkranker

Jugendlicher weitere Behandlungsmaßnahmen ablehnt in der Hoffnung, daß das Leiden ein Ende habe, in der Sehnsucht, endlich Ruhe zu finden, er möchte dem Dauerstreß ein Ende machen, der Ausweglosigkeit entrinnen. Bei einem Jugendlichen, der vor dem Auftreten eines bösartigen Tumors bereits schwerwiegende Störungen in der Persönlichkeitsentwicklung aufwies, zeitweilig auch Drogen konsumierte, haben wir in Verbindung mit suizidalen Äußerungen mehrmals ernste Versuche einer Behandlungsverweigerung erlebt.

Im allgemeinen wird trotz eingreifender Behandlungsmaßnahmen der Lebenswille jugendlicher Menschen nicht gebrochen, die Gedanken werden immer wieder auf Zukünftiges gelenkt. Der Arzt bemüht sich, Hoffnung zu vermitteln. Chronisch Kranke stellen durchaus Fragen nach dem Zweck ihres Lebens, nach Sinn und Ziel einer Existenz mit einer Krankheit, sie sprechen von Enttäuschungen, die sie ihren Eltern bereiten, die sich in ihnen verwirklichen wollten. Auch eigene Enttäuschungen beim Vergleich mit dem Leben Gleichaltriger und Ängste werden erkennbar.

Suizidversuche chronisch Kranker haben wir vor allem in der Pubertät, selten in der Vorpubertät gesehen. In der Phase des Suchens nach Selbstidentität, Autonomie und Partnerschaft, sind Adoleszenten sehr sensibel. Nicht-Erlangen von Anfallsfreiheit z.B. kann Stigmatisation bedeuten und zu einer ernsten Selbstwertkrise führen. Dabei kann eine erhöhte Empfindsamkeit durchaus auch mit hirnorganisch bedingt sein. Erfahrungen von Kränkungen von Seiten der Umwelt können von einem verständnisvollen und um Unterstützung bemühten Elternhaus nicht immer aufgefangen werden. Zunehmende Depressivität und Isolierung, sich anderen nicht mehr mitzuteilen, werden nicht als präsuizidales Syndrom erkannt. Ein banaler Anlaß oder panikartige Angst vor Selbstwerteinbuße können nach unseren Erfahrungen zur Einnahme einer Überdosis von Antikonvulsiva führen.

Die Aggression scheint in erster Linie gegen sich selbst gerichtet zu sein, aber auch gegen die nicht akzeptierenden Gleichaltrigen. Sie kann aber auch dem Arzt gelten, der die ersehnte Anfallsfreiheit nicht erreicht hat.

Gelegentlich treten auch akute Verstimmungszustände mit dranghaften Selbstmordimpulsen auf. Nach unseren Erfahrungen stellt eine chronische Krankheit nur einen indirekten Anlaß zu Selbstmordhandlungen dar. Wenn Jugendliche im familiären Kreis keine Geborgenheit erleben, wenn ihre Eltern die Krankheit nicht akzeptieren können und mit dem Schicksal hadern, ist der Jugendliche überfordert. Sogenannte „broken-home"-Situationen, die über Jahre andauern, verständnisloses, einengendes und liebloses Verhalten der Eltern können zur Entstehung von Suizidgedanken und -handlungen beitragen. Ein sich zu Hause nicht geliebt fühlendes Kind erlebt z.B. eine plötzlich auftretende Zuckerkrankheit als Bestrafung, auf der anderen Seite schöpft es Hoffnung, durch die Krankheit könne nun alles besser werden. Trifft das nicht zu, kann eine Resignation im Suizidversuch mit einer Überdosis Insulin enden. Eltern erleben ein solches Ereignis u.U. als Ausdruck von Trotz und Boshaftigkeit, sie sehen nur ihre eigene Kränkung, erkennen aber nicht die Appellfunktion des Suizidversuchs. Eine jetzt 16 1/2 jährige Patientin konnte im nachhinein ihren 2 Jahre zurückliegenden Suizidversuch als gegen die „gehaßten Eltern" gerichtete Handlung erläutern, aber auch als Abreaktion eigener Schuldgefühle und Aggressionen gegen sich selbst, weil sie seit Jahren ständige Diätverstöße nicht unterlassen konnte. Heute kommen Zukunftsängste hinzu im Hinblick auf die Möglichkeit selbstverschuldeter körperlicher Schäden, sie leidet aber auch unter der Angst, einsam zu werden. „Meine Eltern werden froh sein, wenn ich aus dem Hause bin".

Selten kommt es vor, daß im Rahmen einer pathologisch engen Mutter-Kind-Symbiose das kranke Kind in die Überlegungen eines erweiterten Suizids hineingezogen wird. Bei einem 15 1/2 jährigen Asthmatiker mußte die stationäre Behandlung abgebrochen werden, weil der Junge die Angst, die Mutter könnte ohne ihn sterben, nicht ertragen konnte. Nach einem gerade überwundenen schweren status asthmaticus verlangte er, noch am selben Abend entlassen zu werden.

Es besteht die Gefahr, *non-compliance-Verhalten* chronisch Kranker voreilig im Sinne verborgener Suizidalität zu interpretieren. Verweigerung von Medikamenteneinnahme und mangelnde Diäteinhaltung allein geben einem aber noch nicht die Berechtigung zu solchen Vermutungen. Es kommen schwerwiegende Mängel in der Persönlichkeitsentwicklung oder in der Eltern-Kind-Beziehung hinzu, wenn latente Suizidalität sich in dieser Form äußert.

Präventive und therapeutische Maßnahmen

Eine wichtige Aufgabe stellt die Prävention von Suizidgedanken und -impulsen chronisch kranker Kinder und Jugendlicher dar. Es muß den Patienten dazu verholfen werden, die mit der Krankheit verbundenen Einschränkungen ihres Lebens akzeptieren zu lernen. Einer Lockerung sozialer Bindungen muß entgegengearbeitet werden, es darf nicht zu einer Isolierung kommen. Ferner ist eine altersentsprechende Information über Krankheitszusammenhänge ein sehr bedeutsamer präventiver Faktor.

Dem Entwicklungsstand gemäß und kontinuierlich in den weiteren Jahren müssen die Informationen über die Art der Erkrankung, die nötigen Behandlungsmaßnahmen und die Prognose erfolgen. Die Patienten sollen ihren individuellen Möglichkeiten entsprechend in Entscheidungsprozesse hinsichtlich der Therapie einbezogen werden. Sie dürfen sich nicht hilflos und wehrlos den Anordnungen ausgesetzt fühlen, es muß vermieden werden, daß sich Mißtrauen entwickelt. Ein vertrauensvolles Arzt-Patienten-Verhältnis ist entscheidend. Selbstwertkrisen und Beziehungsstörungen in der Familie müssen erkannt und psychotherapeutisch bzw. beratend angegangen werden. Voraussetzungen, daß Kinder und Jugendliche eine chronische Krankheit akzeptieren, ist, daß ihre Eltern nicht einem Verleugnungsprozeß unterliegen und das Kind in dem Sinne erziehen, als habe sich nichts wesentliches verändert.

Wenn sich schwer gestörte innerfamiliäre Beziehungen nicht verändern können, bleibt nur der Versuch, Jugendliche so früh wie möglich zu verselbständigen und Ersatzbeziehungen, auch im Kreise Gleichaltriger, zu suchen. Die möglichst lange Aufrechterhaltung des Kontaktes zum Therapeuten und dem gewohnten Team ist als weitere prophylaktische Maßnahme anzusehen. Jugendliche, die früh auf sich gestellt sind, benötigen ferner besondere Beratung und Unterstützung hinsichtlich schulischer und beruflicher Probleme. Sie sollen sich aktiv an der Planung von Rehabilitationsmaßnahmen beteiligen. Im Hinblick auf die Entstehung suizidaler Gedanken ist diese Gruppe besonders gefährdet.

Von insgesamt etwa 54 *dialyseabhängigen Patienten* in den Jahren 1972–1981, die eine intensive unterstützende, psychologisch-psychotherapeutisch ausgerichtete zusätzliche Betreuung erfuhren, haben wir in einem Fall eine Suizidandrohung nach Abstoßung des Transplantates erlebt. Ein 12 jähriger Junge hat 6–8 Wochen nach Dialysebeginn in suizidaler Absicht jede Nahrungsaufnahme verweigert und ist verstorben; er entzog sich allen Versuchen psychologischer Hilfestellungen, seine individuelle Lebenssituation war neben dem Krankheitsstadium von entscheidender Bedeutung. Einige dialyseabhängige Kinder äußerten zwar gelegentlich Suizidgedanken in Verbindung mit hohem Kalium-Serumwerten mit dem Tenor: „Dann kommt der Tod jedenfalls schnell". Aber dies schien eher einem Austesten der noch „tragbaren" Kaliumwerte zu entsprechen, die für sie ein wenig faßbarer Parameter sind. Das Erlangen von Selbstkontrolle ist daher für diese Patientengruppe schwer.

Um den Anspruch chronisch kranker Kinder, Jugendlicher und ihrer Familien auf bestmögliche Unterstützung in psychosozialer Hinsicht und damit auch im Sinne von Suizidprophylaxe zu erfüllen, ist eine Teamarbeit notwendig. Die Zusammenarbeit des Pädiaters mit dem Kinder- und Jugendpsychiater und dem klinischen Psychologen ist ein dringendes Anliegen. Ein solches Team muß durch Pädagogen und Sozialarbeiter ergänzt werden. Ferner sollte in Zukunft in überregionaler Weise ein Zusammenschluß mehrerer Zentren die systematische Erforschung von Verarbeitungsstrategien und somit auch von latenter Suizidalität chronisch kranker Kinder und Jugendlicher ermöglichen. Dieser Forschungsbereich stellt für den Kinder- und Jugendpsychiater methodisch kein leichtes Problem dar, denn chronisch kranke Kinder haben erfahrungsgemäß Schwierigkeiten sich hinsichtlich ihrer Gefühle und Gedanken zu äußern.

Literatur

Haltrich, E.: siehe Janz

Heffron, Warren A., Karen Bommelaere und *Ruth Masters:* Group Discussions with the parents of Leukemic Children. Pediatrics 52 (1973) 831–840

Janz, D.: Die Epilepsien, Thieme, Stuttgart 1969

Jochmus, I., G.M. Schmitt, L. Lohmar und W. Lohmar: Die Adoleszenz dysmeler Jugendlicher, Schindele, Rheinstetten 1979

Struwe, F.E.: Prognose des Diabetes mellitus im Jugendalter in: Diabetes mellitus im Kindes- und Jugendalter, hrsg.: von K.-D. Bachmann. Thieme, Stuttgart und New York 1980

Weinberg, S.: Suicidal intent in adolescence: A Hypothesis about the role of physical illness. The Journal of Pediatrics 77 (1970) 579–586

Todesphantasien und -vorstellungen bei jugendlichen Suizidanten

Sebastian Drömann

Zusammenfassung

In Ergänzung zu den in der Literatur beschriebenen Todesvorstellungen und -phantasien werden eigene Beobachtungen mitgeteilt. Es wird die Interpretation angeboten, daß es sich dabei um einen Rückzug auf ein „grandioses Selbst" handelt. Dieser Rückzug muß als Teil einer Angstabwehr verstanden werden und tritt dann ein, wenn die Ich-Entwicklung ungenügend ist und der Jugendliche an ein idealisiertes Elternobjekt fixiert bleibt.

Der Suizidforscher *Erwin Ringel* beschrieb das präsuizidale Syndrom mit der Trias Einengung, Aggressionsumkehr und Suizidphantasien. Bei den Suizidphantasien unterscheidet *Ringel* zwischen aktiven, willentlich intendierten und passiven Phantasien, die sich ohne Intention gegen den Willen, oft in Form von Zwangsgedanken aufdrängen und immer bedrohender werden. Es gibt Verläufe, bei denen die präsuizidalen Phantasien scheinbar harmlos anfangen, etwa mit der Vorstellung, man könne es ja tun, wenn dies oder jenes gelänge. Was aber anfänglich wie ein Entlastungsmechanismus aussieht, kann später zu einer schweren Bedrohung des Lebens werden: Dann nämlich, wenn es zum Umschlag absichtlich eingeleiteter Phantasien in passiv-zwanghafte Suizidvorstellungen kommt. Inhaltlich unterscheidet *Ringel* bei den Suizidphantasien drei Stadien: Das erste, noch relativ harmlose, ist das Phantasieren des Totseins. Das zweite, gefährlichere Stadium, bedeutet „Hand an sich zu legen". Das dritte Stadium, bedeutet „die höchste Alarmstufe", wenn sich die Phantasie bereits mit der Art der Durchführung des Suizids beschäftigt und auf eine bestimmte Methode mit allen Details konzentriert.

Wir wissen, daß das präsuizidale Syndrom auf das suizidale Verhalten Jugendlicher nicht verläßlich angewendet werden kann. Bei Jugendlichen sollten wir das Begleitsymptom Weglaufen hinzufügen: In der Regel läuft der Jugendliche, der sich mit Suizidgedanken trägt, vor der unerträglich gewordenen inneren und äußeren Situation davon, er versucht zu entfliehen und auf sich aufmerksam zu machen.

Die typischen Motive und Phantasien von Suizidanten, die in der Literatur beschrieben werden, lassen sich etwa in zwei Gruppen einteilen: Bei der einen Gruppe herrscht eine eindeutig aggressive Problematik vor, wie Rache, Vergeltung, Selbstbestrafung: Ein internalisiertes Objekt wird getötet. In der anderen Gruppe finden wir den Wunsch nach Rückzug auf einen harmonischen Zustand, auf die Aufnahme bzw. Wiederaufnahme infantiler Objektbeziehungen.

Befragt man jugendliche Suizidanten nach ihren Gedanken und Vorstellungen im Zusammenhang mit ihrem Suizidversuch, erfährt man zunächst ihre ernsthafte Tötungsabsicht aus Motiven, wie Appell, Rache und dem Wunsch nach Veränderung. In den Gedanken, die die Jugendlichen kurz vor der Suizidhandlung bewegen, nimmt die Endgültigkeit des Todes als Konsequenz dessen, was sie planen, wenig Raum ein. *Irle* fand bei erwachsenen Suizidanten Phantasien von Geborgenheit, besserem Leben, Vereinigung mit verstorbenen Angehörigen, Belohnung für ein gutes Leben, Umwandlung in ein höheres freieres Leben, Gewinn einer neuen Freiheit u.ä..

Die Diskrepanz zwischen der Realität des Todes und den phantasierten Vorstellungen zeigt die eingeengte Realitätskontrolle bis hin zu Größenphantasien. Der Suizidversuch wird als Flucht aus einer unerträglichen Situation oder als Zuflucht zu einem harmonischen Zustand phantasiert. Häufig sind Suizidgedanken und -handlungen Ausdruck einer passiv gefühlten Gefahr. Ähnlich realitätsfern sind hochgesetzte, unerfüllbare Ideale, Erwartungen an Beziehungspersonen und magische Selbstüberschätzungen. Von zentraler Bedeutung im Denken suizidaler Jugendlicher ist nicht selten die Aufwertung des Todes mit positiven Attributen. In Phantasien und Träumen spielen früher verstorbene, von ihnen geliebte Menschen, nach denen sie sich sehnen, eine große Rolle. Es kommt zu Wünschen nach Wiedervereinigung oder Verschmelzung, nach wärmender Geborgenheit und Liebe. Jugendliche, die in ihrer frühen Kindheit den realen Verlust eines Elternteils erlebt haben, sind als besonders gefährdet anzusehen, vor allem dann, wenn sich die betreffende Person umgebracht hat.

In der Fülle statistischer Angaben über Suizidversuche und Suizid findet man Aussagen über die Einstellung des Suizidanten zum Tod. Es bereitet erhebliche Schwierigkeiten Material über Vorstellungen und Phantasien von Suizidgefährdeten zu erhalten und methodisch zu bearbeiten. Wenn überhaupt Angaben zu diesem Komplex gemacht werden, handelt es sich um Tagebuchaufzeichnungen, Abschiedsbriefe, Mitteilungen an den Therapeuten oder Antworten auf Befragungen nach einem mißglückten Suizid. Die Einstellung des Suizidanten zum Tod als eines widerruflichen Endes – beim Jugendlichen wie oben dargestellt, eher selten – oder als einer Tür zu einem Neubeginn bzw. Weiterexistieren, ist ein längerer, innerseelischer Entwicklungs- und Verarbeitungsprozeß. Dieser ist abhängig von persönlichkeitsspezifischen Faktoren und der Umwelt.

Gerade bei einem Jugendlichen in suizidaler Stimmung kann die Überzeugung, unsterblich zu sein, Hemmungen und Schranken überwinden helfen. Die Vorstellung, als neuer freier Mensch in ein anderes Leben zu treten, ermutigt ihn, den Schritt aus seiner unerträglichen Lebenssituation hinaus zu tun.

Todesvorstellungen und der damit verbundene Entschluß, sich umzubringen, haben offensichtlich eine entlastende und beruhigende Wirkung. Der Suizidant hat damit ein Instrument, ein Machtmittel in der Hand, das er je nach innerer Zwangslage einsetzen kann. Auch für Jugendliche kann die Festsetzung eines Suizidtermines eine erhebliche Entlastungsfunktion haben.

Der gewählte Zeitraum als magisches Datum kann sich auf Tage, Wochen, weniger auf Monate oder Jahre belaufen. Die Umgebung ist nach einem Suizidgeschehen vollkommen überrascht, wenn der Suizidant unmittelbar vorher sehr ausgeglichen wirkte und mitunter in ausgesprochen euphorischer Stimmung auftrat.

Ringel hat bei der Beschreibung des präsuizidalen Syndroms auf eine spezielle neurotische Entwicklung des Suizidanten hingewiesen. Als besonders gefährdet sieht er das ängstliche, gehemmte, entmutigte und kontaktgestörte Kind an. *Ringel* beschrieb Kinder, die frühe, narzißtische Störungen der Entwicklung des Selbstwertgefühles aufweisen. *Henseler* hat in seinen Untersuchungen den Zusammenhang zwischen schwergestörtem Selbstgefühl seit der frühen Kindheit und späterer Suizidtendenz bestätigt. Wenn Realitätsverleugnung und Idealisierung zum Schutz des eigenen Selbstgefühles nicht mehr ausreichen, um Kränkungen zu vermeiden, greift die in ihrem Selbstgefühl verunsicherte Persönlichkeit zu primitiven Mitteln, nämlich zu Phantasien vom Rückzug in einen harmonischen Primärzustand.

Der Akt der Suizidhandlung ist dann als das Ausagieren der kleinkindlichen regressiven Phantasien zu verstehen.

Greenberg hat darauf hingewiesen, daß Wiedervereinigungsphantasien weniger stark auftauchen, wenn bereits reife Objektbeziehungen bestehen. Die Phantasien unterscheiden sich in Abhängigkeit von den jeweiligen psychischen Entwicklungsstufen. So finden sich bei Kindern vor allem Wünsche nach Wiedervereinigung und untrennbarem Zusammensein mit der Mutter, während sich bei reiferen Jugendlichen Vorstellungen über Vereinigungen oder Wiedervereinigungen mit dem All oder der Natur entwickeln. Mit den Vereinigungs- und Wiedergeburtsphantasien gehen auch Phantasien über die Unsterblichkeit einher.

Wir neigen dazu, Suizidphantasien und Todesvorstellungen bei Jugendlichen als Rückzug auf ein „grandioses Selbst“ zu interpretieren. Dieser Rückzug auf das „grandiose Selbst“, der auch als Teil der Angstabwehr verstanden werden muß, tritt dann ein, wenn ein Jugendlicher in seiner frühen Kindheit nur ungenügend sein Ich zu entwickeln vermochte und an ein idealisiertes Elternobjekt fixiert bleibt. Die Lebensgeschichten dieser Patienten weisen immer Enttäuschungen von Seiten des idealisierten Objetes auf: Sei es, daß der idealisierte Elternteil starb, oder sei es, daß er sich nicht als so mächtig erwies, wie angenommen worden war. Es kommt im weiteren Verlauf des Lebens dieser Patienten zu einer nur ungenügenden Über-Ich-Entwicklung, da das einverleibte idealisierte Objekt sie dieser Aufgabe enthebt. Auch aus diesem Grund sind sie nur mangelhaft ausgerüstet, ihre Realitätsanforderungen zu bewältigen. Diese Jugendlichen, auch wenn sie an ein idealisiertes Elternobjekt fixiert sind, haben in ihrer Kindheit nie oder selten mütterliche Zustimmung und Begeisterung, nie väterliche Anerkennung und Sicherung erfahren, die zu weiterem Tun und zum Aufbau eines starken Ich, sowie der Entwicklung eines adäquaten Selbstbildes hätten ermuntern können.

Literatur

Améry, J.: Hand an sich legen. Diskurs über den Freitod, Klett-Cotta, Stuttgart 1976

Biener, K., Berger, Ch.: Selbstmordursache und Abschiedsbriefe Jugendlicher, Nervenarzt 47 (1976) 179–185

Dührssen, A.: Zum Problem des Selbstmordes bei jungen Mädchen. Beiheft zur Praxis der Kinderpsychiatrie und Kinderpsychologie, 1967

Greenberg, I.M.: Some correlates of thoughts and feelings concerning death. J. Hillside Hosp. 11 (1962) 120–126

Henseler, H.: Narzißtische Krisen / Zur Psychodynamik des Selbstmords, Hamburg 1974

Henseler, H.: Suizidhandlung und Narzißmustheorie, Psyche 29 (1975)

Henseler, H.: Ein psychodynamischer Deutungsversuch des präsuizidalen Syndroms. Nervenarzt 45 (1974) 238–243

Heuer, G.: Selbstmord bei Kindern und Jugendlichen. Klett-Cotta, Stuttgart 1979

Irle, G.: Einstellung zum Tod bei Patienten nach Selbstmordversuch. Nervenarzt 39 (1968) 255–260

Jacobs, J.: Selbstmord bei Jugendlichen, Kösel, München 1974

Landsberg, P.L.: Die Erfahrung des Todes, Bibliothek Suhrkamp, Frankfurt, 1973

Lewinsky-Aurbach, Bluma: Suizidale Jugendliche, Enke, Stuttgart 1980

Nissen, G.: Depressionen und Suizidalität in der Pubertät. Z. F. Allg. Med. 10 (1973)

Otto, U.: Suicidal behaviour in childhood and ad. in: S. and attempted s.; Scand Int. Symp. Stockholm 1972

Pohlmeier, H.: Selbstmord und Selbstmordverhütung, München, Wien, Baltimore 1978

Ringel, H.: Der Selbstmord, Maudrich, Wien, Düsseldorf 1953
Ringel, E.: Über Selbstmordversuche von Jugendlichen. In: Selbstvernichtung, hrsg. von Chr. Zwingmann. Akad. Verlags-Gesellschaft, Frankfurt 1975
Ringel, E.: Selbstmordverhütung, Huber, Bern-Stuttgart-Wien 1969
Stengel, E.: Selbstmord und Selbstmordversuch, Frankfurt 1969
Stern, M.: Trauma, Todesangst und Furcht vor dem Tod. Psyche 26 (1972) 12
Stork, J.: Suizidtendenzen und Suizidversuch. Zeitschrift für klin. Psych. und Psychotherapie (1972)

Der Tabletten-Suizidversuch in der Pubertät – Versuch einer Auto-Initiation?

Gunther Klosinski

Zusammenfassung

Jugendliche neigen besonders in der eigentlichen Pubertät (13–15 Jahre) zu Suizidversuchen, wobei Mädchen deutlich überwiegen. Die gebräuchlichste Suizidmethode dieser Altersstufe ist die Einnahme von Schlaf- und Schmerzmitteln.

Der suizidgefährdete Jugendliche befindet sich in einer Vertrauens-, Autonomie- und/oder Idenitätskrise, die eine lebensbedrohende Dimension angenommen hat. Dabei weist der Suizidversuch mit Tabletten als „Spiel mit dem Tode" einen grenzüberschreitenden Aspekt auf: Tod und Leben, in den Gedanken des Suizidalen dicht beieinander liegend, verlieren im ambivalenten Schwebezustand ihre Bedeutung als eindeutige Situation, ihr spezifischer Sinn verändert sich im wechselseitigen Vertauschen. Dem Wunsch nach Verwandlung und Wiedergeburt – mehr oder weniger bewußt – kommt eine entscheidende Bedeutung zu.

Die Trennungsproblematik des Pubertierenden von seinen Eltern und die Integration in die Welt der Erwachsenen wird weltweit durch sogenannte Trennungs- oder Initiationsriten zu lösen versucht. Das Hauptmotiv solcher Reifefeiern, nämlich die Wiedergeburt nach symbolischer Tötung, tritt nach Ansicht des Autors bei manchen Tabletten-Suizidversuchen Jugendlicher deutlich zutage. Die durch die Tabletteneinnahme phantasierte „Verwandlung" (der ausweglosen Situation und der eigenen Ohnmacht) bedeutet eine Gratwanderung mit verbundenen Augen. Vorhandene Alkohol- und Drogenerfahrung scheinen bei den entsprechenden Jugendlichen das Ausprobieren dieser Gratwanderung zu indizieren bzw. letzte Hemmungen abzubauen. In der Hoffnung, daß dem suizidalen Akt Veränderung und Erneuerung folgt, gewinnt der Suizidversuch den Charakter der Auto-Initiation, wobei letztere dem erfolgreich Initiierten – d.h. bei erfolglosem Suizidversuch (!) – Ansehen und Bewunderung durch die noch nicht initiierten Gleichaltrigen verspricht.

Im Gegensatz zu den Suiziden haben die Suizidversuche im Kindes- und Jugendalter in den letzten Jahrzehnten deutlich zugenommen (*Nissen* 1976; *Remschmidt* und *Schwab* 1978). Ferner ist bekannt, daß im Unterschied zu den Suiziden die Suizidversuche in der Pubertät häufiger von Mädchen begangen werden (*Dorpat* 1963; *Wellhöfer* 1974; *Stengel* 1969; *Fritz* 1980).

Hinsichtlich der Altersverteilung wird behauptet (*Remschmidt* und *Schwab* 1978), die Suizidversuche würden mit zunehmendem Alter häufiger verübt werden. Eigene Untersuchungen an 122 Kindern und Jugendlichen im Alter zwischen 10 und 20 Jahren, die zwischen 1974 und 1977 (je einschließlich) wegen eines Suizidversuches ambulant oder stationär behandelt wurden, ergaben für beide Geschlechter eine auffallende Häufung in der Zeit der eigentlichen Pubertät, d.h. in der Altersstufe der 13–15Jährigen: 41,3% bei den Jungen und 59,2% bei den Mädchen (s. Tabelle 1).

Tabelle 1 Häufigkeitsverteilung der Patienten mit begangenem Suizidversuch, aufgeteilt nach Geschlecht und Altersstufe

	Gesamtkollektiv N = 122	Mädchen (63,3%) 76 = N_1	Jungen (37,7%) 46 = N_2
10–12Jährige		10 (13,2%)	11 (24%)
13–15Jährige		45 (59,2%)	19 (41,3%)
16–20Jährige		21 (27,6%)	16 (34,7%)

Man könnte mit Recht einwenden, daß eine Vielzahl jugendlicher Suizidanten spätestens ab dem 18. Lebensjahr in der Erwachsenenpsychiatrie vorgestellt werden, so daß der Rückgang von der „Hoch" – zur „Post"-pubertät ein vorgetäuschter sei. Eine weitere Untersuchung unseres Krankengutes (*Schieber* 1979) ergab, daß ein auffälliger Gipfel bei den 14-jährigen Jungen und Mädchen vorhanden ist, und daß in der Altersstufe der 15- und 16-Jährigen bereits ein signifikanter Rückgang vorliegt.

Alle Autoren weisen übereinstimmend daraufhin, daß die gebräuchlichste Methode zum Suizidversuch im Jugendalter die Tabletteneinnahme ist. In der Untersuchung von *Remschmidt* u. *Schwab* (1978) hatten 69% schlaf- und schmerzstillende Mittel eingenommen. *Schieber* (1979) fand in unserem Krankengut, daß 81% der Mädchen und 57% der Jungen tablettenintoxikiert waren.

Diese Fakten drängen 2 Fragen auf: 1. Warum kommt es zu einer Häufung der Suizidversuche in der eigentlichen Pubertät mit Betonung des weiblichen Geschlechtes? Und 2. Wie ist die Vorliebe für die Tabletteneinnahme zu erklären?

Zur Beantwortung der beiden Fragen muß auf die Besonderheiten dieser Altersstufe eingegangen werden, sowohl in Hinsicht auf phasenspezifische intrapsychische Prozesse, als auch in Bezug auf die besondere Stellung der Pubertierenden in der Familie und der Sozietät. Wir dürfen davon ausgehen, daß eine Überdeterminierung der Selbstmordhandlung vorliegt, die durch das Zusammenwirken intrapsychischer Faktoren im Suizidanten sowie durch die Wechselwirkung im familiären und sozialen Feld zustande kommt. Obwohl wir wissen, daß bei Jugendlichen familiäre Konflikte, Schulprobleme und Partnerschaftskonflikte (*Remschmidt* u. *Schwab* 1978) mit die wichtigsten suizidauslösenden Faktoren darstellen, kann ein allgemeines Motiv wie Liebeskummer, sexuelle Schwierigkeiten etc. niemals den „Entschluß" zur Selbstvernichtung ausreichend erklären. Keine Hypothese oder Theorie zum Suizid oder Suizidversuch kann eine umfassende Berücksichtigung aller beteiligten Faktoren in Anspruch nehmen. Allenfalls der Betroffene selbst kann, soweit es ihm möglich ist, authentisch über seine Erfahrungen und über sein Erleben aussagen. Andererseits muß interpretatives Vorgehen nicht notwendigerweise zu wirklichkeitsfernen Spekulationen führen, bleiben doch gewisse Fakten ohne Interpretation sinnlos.

Die folgenden Ausführungen müssen im Hinblick auf die Jugendlichen in der Pubertätskrise verstanden werden, d.h. es soll keine Verallgemeinerung und Übertragung auf die Jugendlichen schlechthin vorgenommen werden. Gleichwohl stellt diese Altersstufe per se eine „normative Krise" (*Erikson* 1966) in der psychophysischen Entwicklung dar und wird von suizidgefährdeten Jugendlichen besonders deutlich als krisenhafte Zeit der Umstrukturierung, Neuorientierung und des Experimentierens erlebt.

Phasenspezifische, intrapsychische Faktoren der Pubertierenden, die eine Neigung zur Suizidhandlung begünstigen

Die eigentliche Pubertät, d.h. die Zeit zwischen 13 und 15 Jahren, ist gekennzeichnet durch ein zentrales Selbst-Unwerterleben, das sich in Selbstgefühlsstörungen und Ich-Einschränkungen äußert. Es ist eine Phase extremer und notwendiger Labilisierung der psychischen Strukturen, der Regression sowohl in der Trieb- als auch in der Ich-Entwicklung, der Reaktivierung ödipaler und präödipaler Strebungen und Konflikte. Als wichtigstes Problem der Pubertät stellt sich die Frage: Wie wird die jeweilige Ich-Organisation dem neuen Reifungsschritt des Es begegnen. Der Jugendliche muß mit der neuerworbenen Macht zu zerstören oder gar zu töten umgehen lernen, einer Macht, die den Haßgefühlen des Kleinkindes noch unbekannt war. *Winnicott* (1980) drückt dies in folgendem Bild aus: „Es ist, als sollte neuer Wein in alte Schläuche gefüllt werden".

Die Umstrukturierungen im intrapsychischen Bereich bedingen eine Autonomie- und Identitätskrise, in deren Verlauf es zu einem Oszillieren von regressiven und progressiven Strebungen kommt. Als typische Beispiele solcher „Extrempositionen" seien die Rückzugs- und Abkapselungstendenzen im Sinne einer zunehmenden Introversion genannt, die im Gegenzug affektive Zustände von ungewöhnlicher Intensität hervorrufen, die den Glauben an die Einzigartigkeit der eigenen Gefühle entstehen lassen und zu einer Entdeckung der eigenen, individuellen Persönlichkeit führen können. Bei seinen seelischen Ausflügen in regressive und progressive Richtungen ist der Pubertierende immer wieder gezwungen, auf verschiedenen infantilen Ebenen auszuhalten, „um wieder primitive, narzißtische Objektbeziehungsformen und Identifizierungen herzustellen, die sogar Phantasien von Verschmelzungen mit den Objekten wiederbelegen können" (*Geleerd* 1961).

Im passiven Verhalten erzwingt der Jugendliche eine Trieb-Regression, mit der er das crescendo-artige Anfluten triebhafter Spannungen zurückweist und abwehrt. Diese Passivität steht im Widerspruch zur progressiven Entwicklung des reifenden Körpers. Eine Stabilisierung des erschütterten und labilen Selbstgefühls wird durch Mechanismen der Realitätsverleugnung und der Idealisierung versucht, die zu überspannten Idealbildern führen, zu rigidem Über-Ich-Verhalten sowie zur Pubertätsaskese und Aggressionshemmung.

Die phasenhafte, relative Ich-Schwäche des Pubertierenden erfährt oft eine zusätzliche Schwächung durch eine Reduktion der elterlichen Ich-Unterstützung. Die Ich-Störungen werden sichtbar im Ausagieren (acting-out-Verhalten), in Lernstörungen, Mangel an Entschlußkraft, Aufschieben, Launenhaftigkeit und Negativismus. Sie können als ein Zeichen eines noch nicht vollständig geglückten Lösungsversuches von infantilen Objekten angesehen werden.

Der Neigung zum Egozentrismus kommt in der Pubertät ein stabilisierender Charakter zu. Dabei antizipiert der Jugendliche in aktuellen oder erwarteten Interaktionen die Reaktionen anderer auf sich selbst. Nach *Elkind* (1967) unterstellt der Jugendliche bei diesen Antizipationen, „daß andere ihn ebenso positiv oder negativ sehen, wie er sich selbst". In gewisser Weise entwirft der Jugendliche ständig ein imaginäres Publikum und reagiert darauf. Eine nicht seltene Form des Entwurfes eines solchen imaginären Publikums ist die Vorstellung des Pubertierenden, wie andere auf sein eigenes Sterben reagieren würden. Dabei spielt auch die begleitende Vorstellung eine große Rolle, wie die anderen zu spät den eigenen Wert erkennen. Der Glaube an die persönliche Einzigartigkeit – bedingt durch den Egozentrismus – unterstützt die Überzeugung der eigenen Unsterblichkeit. Gleichwohl schwankt beim Pubertierenden die gefühlsmäßige Einstellung zu sich selbst zwischen den Extremen, nichts und alles zu sein. Diese ambivalente Haltung betrifft auch die Frage der Autonomie: Es ist eines der wesentlichsten Merkmale der Pubertät, daß ein rascher Wechsel zwischen herausfordernder Unabhängigkeit und regressiver Abhängigkeit vorliegt und nicht selten findet sich eine Koexistenz beider Extreme zur gleichen Zeit.

Alle oben genannten Faktoren können bei Pubertätskrisen eine Schrittmacherfunktion einnehmen, wenn sie zu einer Labilisierung der Ich-Funktionen beitragen und damit eine Neigung zur Suizidhandlung begünstigen.

Der suizidgefährdete Pubertierende im Interaktionsfeld der Familie und der Umwelt

Noch mehr als beim Erwachsenen spielen beim suizidgefährdeten Jugendlichen folgende Komponenten eine bahnende Rolle, die die suizidale Haltung mit der ihr eigenen Logik und Dynamik erst möglich machen: 1. das zerbrochene Weltbild, 2. der gestörte Dialog und die hierdurch bedingte Verstärkung der Vereinsamung und Deprivation.

Das zerbrochene Weltbild

Die kognitive Entwicklung, die in der Pubertät zum Erwerb komplexer Denkprozesse führt, erlaubt dem Jugendlichen nicht nur, „alle kombinatorischen Möglichkeiten in einem neuen System auszuschöpfen und kontrafaktische Hypothesen aufzustellen" (*Inhelder* u. *Piaget* 1958), sondern auch das eigene Denken zu denken, seine eigenen Denkprodukte zum Gegenstand der Reflektion zu machen. Neben der durch diese Fähigkeit des Denkens bewirkten Entwicklung zum Egozentrismus ermöglicht und erzwingt die neue Denkfähigkeit eine Hinterfragung von bislang Gültigem. Die Folge ist eine mehr oder weniger ausgeprägte Krise des puberalen Weltbildes, besonders im Bereich der religiösen Überzeugungen und der ethischen Wert- und Moralvorstellungen. Gelingt es dem Pubertierenden nicht, die eigene, „neue Weltsicht" in die ihn umgebende Welt hineinzubauen, verschieben sich die Akzente, und das Interesse drückt sich in der ausschließlichen Beschäftigung mit einer in sich zerbrochenen Identität aus. Das den Jugendlichen Umgebende verliert seine Konturen, das Unbestimmte herrscht vor, und er läuft Gefahr, daß der immer neu zu entwerfende Lebensplan die Kluft zwischen den Welten – seiner persönlichen und der nichtpersönlichen Welt – nicht mehr überbrückt.

Zusätzlich negativ wirkt sich auf den verunsicherten und suchenden Pubertierenden die Identitätskrise des erwachsenen Menschen unserer Gesellschaft aus, der gleichermaßen in eine Wert- und Gewissenskrise hineingeraten ist, die die Krise der Jugend mitbedingt, unterhält und verlängert (*Klosinski* 1981).

Der gestörte Dialog und die hierdurch bedingte Verstärkung der Vereinsamung und Deprivation

Der Pubertierende ist seinem Wesen nach ein „relativ Isolierter“. Eine gewisse Isolierung in Zusammenhang mit der puberalen Introversion ist die notwendige Voraussetzung zur Entstehung von reifen Beziehungen zwischen Individuen und erforderlich für ein normales Sozialverhalten. In der Sozietät sind besonders diejenigen von sozialer Isolierung bedroht, die noch keinen Platz von gesellschaftlicher Relevanz ausfüllen oder ausgefüllt haben. Das „psychosoziale Moratorium“ (*Erikson* 1966) bedingt, daß der Jugendliche in einer relativ langen elterlichen Abhängigkeit verbleibt, wobei er weitgehend ausgeschlossen bleibt vom aktiven Mitgestalten und Entwerfen. Er fühlt sich nicht gebraucht, von der Welt unverstanden und zurückgestoßen. Unsere heutige westliche Gesellschaftsordnung kann dem Pubertierenden keine funktionierende, „institutionalisierte Initiation“ anbieten, wie dies heute noch bei den Naturvölkern üblich ist. So scheint die Rolle des temporären Außenseiters manchmal die einzige Lebensmöglichkeit zu sein, sich mit sich selbst auseinanderzusetzen.

Der sich zunehmend vereinsamt fühlende Pubertierende erlebt das Leben unter dem Aspekt des Verlassen- und Verschlossenseins. Er glaubt, sich selbst am nächsten zu sein und ist sich selbst ein Fremder. Er droht, sich selbst mehr und mehr in einen Zustand des Entrückten hineinzumanövrieren. Der vereinsamte, kommunikationsgestörte Pubertierende ist ein Heimatloser geworden, der um verlorenen Besitz trauert (das verlorengegangene Weltbild, der Verlust der frühkindlichen Elternimagines).

Der Suizidversuch mit Tabletten: Versuch einer Lösung der Vertrauens- und Kommunikationskrise, der Autonomie- und der Identitätskrise

Die verschiedenen Aspekte der Pubertätskrise: Vertrauenskrise, Autonomiekrise und Identitätskrise (einschließlich der sexuellen Identität), die beim suizidgefährdeten Pubertierenden mit jeweils unterschiedlicher Gewichtung eine bedrohliche Dimension angenommen haben, erfahren durch die suizidale Handlung eine neue Bewertung, die dem Betroffenen eine – wenn auch temporär begrenzte – Auswegperspektive ermöglicht.

Lösungsversuch der Vertrauens- und Kommunikationskrise

Oft wird der Ohnmacht in der Vertrauenskrise auf dem Hintergrund des unterbrochenen Dialogs durch Antizipation eines imaginären Publikums im Phantasiespiel des Suizidgefährdeten mit Rachgefühlen begegnet. Eine gewisse bittersüße Lust begleitet die Vorstellung, wie die anderen am Grab zu spät den eigenen Wert erkennen. Dies bedeutet, daß durch die suizidale Geste der abgebrochene Dialog wieder aufgenommen werden soll. Insofern ist der Suizidversuch als dynamische Handlung sowohl ein Angriff auf die eigene Person, als auch ein Angriff nach „außen“.

Lösungsversuch der Autonomiekrise

Seine Autonomie versucht der Suizidale durch den Entschluß zurückzugewinnen, der Ohnmacht durch eigenes Handeln ein Ende zu setzen. Das dabei vorhandene Zögern und die Ambivalenz, weder leben noch sterben zu können und die „Entscheidung" letztlich doch dem Schicksal zu überlassen, wird im Suizidversuch mittels Tabletten besonders deutlich demonstriert. Der Pubertierende weiß in aller Regel, daß die Quantität der Tabletteneinnahme über den „Ausgang" entscheidet. Er weiß, bewußt oder unbewußt, daß er das Schicksal herausfordert und an den äußersten Rand des Abgrundes geht. Mit der suizidalen Handlung nimmt er Rache an der Vergangenheit unter „scheinbarem Verzicht" auf die Zukunft; dabei findet sich sein Mut zum Leben in der verklausulierten Form des Mutes zum Tod wieder.

Das Besondere des jugendlichen Suizidversuches mit Tabletten liegt ferner darin, daß sich der Betroffene der „bösen" oder „guten" Wirkung des Medikamentes anheimgibt. Welche Wirkung dabei letztlich im Augenblick der oralen Einnahme antizipiert wird, muß angesichts der vorhandenen Ambivalenz offen bleiben. Die Tabletteneinnahme in fraglich suizidaler Absicht versetzt den aktiv Handelnden in einen extrem passiven und hilflosen Zustand, der an die Säuglingszeit erinnert, wobei die „Mutter-Natur" durch die Resorptionsvorgänge unwillkürlich und geheimnisvoll die pharmakogene Wirkung „herbeizaubert". Ob pubertierende Mädchen besonders deshalb häufiger als Jungen zum Tablettensuizid neigen, weil sie einen unmittelbareren Zugang zu den Wandlungen ihres Körpers erfahren haben, muß Spekulation bleiben. (Wenn die „Pille" über Tod und Leben des noch ungeborenen Lebens entscheiden kann, warum sollte dann das in suizidaler Absicht eingenommene Medikament nicht eine ähnliche Entscheidungsmacht besitzen?)

Hinzu kommt, daß die Tabletteneinnahme in suizidaler Absicht primär nicht Schmerzen bereitet und deshalb als Methode bevorzugt wird.

Unabhängig, wie tief der Schlaf- oder der Bewußtlosigkeitszustand ausgeprägt war, der Ausgang gleicht einer Wiedergeburt: Entweder kehrt der Jugendliche unversehrt zurück ins bewußte Leben mit dem Gefühl, den Tod herausgefordert und das Leben bis an seine äußersten Grenzen durchschritten zu haben, oder er wäre gestorben, dann hätte er eine irgendwie andersgeartete Wiedergeburt erlebt, denn: „Unter dem Bild des Todes meint der typische Suizidant eigentlich etwas sehr Lebendiges. Das Tragische daran ist, daß er diese Phantasie mehr oder weniger erfolgreich in eine tödliche Handlung umsetzt" (*Henseler* 1973). Da der Mensch sich selbst die Grenze im Denken ist, kann er sich auch nicht den eigenen Tod vorstellen. Die Vorstellung vom Tod als endgültige Vernichtung und vollkommenes Ende steht bei dem suizidgefährdeten Jugendlichen nicht im Vordergrund. Obgleich er Angst vor dem Sterben haben kann, vermittelt ihm der Gedanke an eine Selbstvernichtung ein Gefühl der Beruhigung. Seine Todessehnsucht bedeutet Sehnsucht nach Verlorenem oder nie Besessenem.

Lösungsversuch der Identitätskrise

Durch den Tabletten-Suizidversuch kommt es zum tiefen Schlaf, zur Bewußtlosigkeit oder zum Tod, d.h. psychologisch gesehen in jedem Falle zu einer Verschmelzung mit dem geliebten oder gehaßten Objekt, in den meisten Fällen mit einem Elternteil oder mit dem Partner, der stellvertretend die Mutter als primäres Liebesobjekt repräsentiert. Der Versuch der äußersten Absonderung führt letztlich zur Vereinigung, so wie der Wegläufer vom „Heimweh" geplagt ist. Die Verschmelzung bahnt sich bereits in den Phantasien des „imaginären Publikums" an. Durch die in der Phantasie antizipierte und durch den Schlafzustand herbeigeführte Verschmelzung mit dem primären Liebesobjekt, die einer primären Identifikation entspricht, ist die Identitätskrise temporär für den Zeitraum der Suizidhandlung „aufgehoben".

Der Suizidversuch mit Tabletten als Grenzüberschreitung und Auto-Initiation

Der Suizidversuch mit Tabletten hat als „Spiel mit dem Tode" einen grenzüberschreitenden Aspekt, der die Umkehr sämtlicher Werte beinhaltet: Tod und Leben, in den Gedanken des Suizidalen dicht beieinanderliegend, verlieren im ambivalenten Schwebezustand ihre Bedeutung als eindeutige Situation, ihr spezifischer Sinn verändert sich im wechselseitigen Vertauschen. Auf diese Weise kommt der gewünschte Tod dem Leben sinngemäß so dicht entgegen, daß die Qualitäten des Daseins übernommen werden. Das Leben hingegen nimmt mit dem Tod verwandte Attribute an und verliert die unbestimmte Eindeutigkeit des Existierens (*Freye* 1974).

Die oben beschriebenen „Lösungsversuche" des suizidalen Pubertierenden in der Krisensituation, der Versuch der Wiedererlangung verlorengegangener Autonomie, der Identität und des Dialoges, gelingen nur im „Überstieg", der psychoanalytisch gesehen sowohl eine Regression auf die symbiotische Phase darstellt (Verschmelzung mit dem primären Liebesobjekt), der andererseits auch als ein Rückfall bzw. bereits wieder als eine Progression auf die narzißtische Stufe angesehen werden kann, auf der es zu einem Wiederaufrichten eines „grandiosen Selbst" kommt.

Durch das Inkaufnehmen einer möglicherweise selbstzerstörerischen Handlung durchbricht der Pubertierende das Konventionelle, das „Normale". Die durch die Tabletteneinnahme phantasierte Veränderung und Verwandlung bedeutet eine „Gratwanderung mit verbundenen Augen". Sie beinhaltet den Wunsch nach Auseinandersetzung mit den möglichen Unmöglichkeiten. Für den Pubertierenden, der eine Veränderung und Wandlung seines Körpers durch die Pubertät erfährt, kann die Verwandlung durch die Tabletten den Aspekt der psychischen Wandlung, d.h. die Bedeutung einer Initiation, gewinnen. Hierbei kommt der Alkohol- und Drogenerfahrung eine Schrittmacherfunktion zu. Ein großer Teil der Jugendlichen in der Pubertät haben heute bereits Drogenerfahrung. Durch das Drogenerlebnis glaubt der Jugendliche zu wissen, daß es immer wieder zu einer Rückkehr kommt, zu einer Heimkehr von einer Fahrt in unbekannte Räume. Insofern kommt dem Suizidversuch mit Tabletten auch ein gewisser Experimentiercharakter zu. Er ist u.a. der Versuch, die Grenzen des eigenen Seins abzutasten, in ein persönliches Niemandsland vorzustoßen. Es mag auch der unbewußte Wunsch des Pubertierenden vorliegen, immer wieder zu erfahren, daß er „unzerstörbar" ist, daß er sich selbst in dem nicht akzeptierten Zustand „überleben" kann.

Die Pubertätsriten bei den Naturvölkern sollen eine Integration in die Welt der Erwachsenen herbeiführen. Die Isolierung von den Eltern dient zur Auflösung frühinfantiler Bindungen und zu einem Wiederaufbau des Ichs in der Welt der Erwachsenen. In Ermangelung funktionsfähiger, institutionalisierter Initiationsriten in unserer Gesellschaft kommt dem Suizidversuch in der Pubertät (ähnlich wie den Automutilationen in der Adoleszenz (*Klosinski* 1979), u.U. die Bedeutung einer Auto-Initiation zu. Der Suizidversuch mit Tabletten stellt einen äußersten Absonderungsversuch dar, der von Verschmelzungs- und Wiedergeburtsphantasien begleitet ist, wie dies oben ausgeführt wurde. Er kann mitunter als Versuch angesehen werden, die „psychologische Nabelschnur" zu den Eltern zu durchtrennen, die Abhängigkeit zu überwinden. Bildlich gesprochen kann man den Suizidversuch des Pubertierenden mit Tabletten als „Nachtmeerfahrt des Helden" beschreiben: Er begibt sich in das Dunkel und die Untiefen seines Unbewußten, dem er aufgrund seines labilen Ichs mehr oder weniger ausgeliefert ist. Alle Gegensätze fallen auf dieser „Fahrt" zusammen, vereinigen sich. Der Zustand ist voll von Paradoxien: In dem Akt der größtmöglichen Entfernung kommt es zur Verschmelzung, d.h. zur größtmöglichen Nähe, das Schweigen wird durch die suizidale Handlung zum furchtbaren Aufschrei, der Rückzug zum unübersehbaren Signal.

Der nicht erfolgreich suizidierte Jugendliche gleicht nach seiner „Rückkehr" einem Wiedergeborenen, einem Initiierten. Die Reaktion der Eltern ist jedoch meist alles andere als „einem Initiierten angemessen": Äußerungen wie „man sollte dir den Hintern versohlen" oder ähnliche sind der Regelfall.

Eine gänzlich andere Haltung wird dem Jugendlichen nach verübtem Suizidversuch von Seiten Gleichaltriger entgegengebracht. Sie zeigen neben Betroffenheit Bewunderung, sie „prahlen" damit, jemanden aus ihrem Freundeskreis zu kennen, der „fast drüben" war, der eine außergewöhnliche Grenzsituation durchlebt hat, die etwas Ungewöhnliches, Einmaliges und Unheimliches an sich hat. Der betreffende „Postsuizidale" hat unter Beweis gestellt, daß er imstande ist, Konventionelles über Bord zu werfen und den „Aus- und Überstieg" zu wagen.

Literatur

Dorpat, T.L., Boswell, J.W.: An Evaluation of Suicidal intent in Suicide Attempts. Comprehensive Psychiatry 4 (1963) 117–125

Elkind, D.: Egocentrism in Adolescence. Child Development 38 (1967) 1025–1034

Erikson, E.H.: Identität und Lebenszyklus, Suhrkamp, Frankfurt/M. 1966

Freye, I.: Der Mensch in der Grenzsituation. (Zur Psychologie des Suizids). Diss. Zürich 1974

Fritz, G.-S.: Eine Untersuchung zum Selbstmordversuch Jugendlicher. Diss. Tübingen 1980

Geleerd, E.L.: Some Aspects of Ego Vicissitudes in Adolescence. J. of the Americ. Psychoanal. Association 9 (1961) 394–405

Henseler, H.: Die Suizidhandlung als narzißtische Krise. Vortrag gehalten auf der 1. Jahresversammlung der Deutschen Gesellschaft für Selbstmordverhütung. Lindau April 1973 (zit. nach I. Freye)

Inhelder, B., Piaget, J.: The growth of Logical Thinking, Basicbooks, New York 1958
Klosinski, G.: Automutilation in der Adoleszenz. Acta paedopsychiat. 44 (1979) 311–323
Klosinski, G.: Jugendliche: Spiegelbild einer Gesellschaftskrise? In: Adoleszenz hrsg. von R. Lempp. Huber, Stuttgart 1981
Nissen, G.: Eindeutig überfordert, vielleicht suizidgefährdet? Ärztl. Praxis 28 (1976) 1507
Remschmidt, H., Schwab, Th.: Suizidversuch im Kindes- und Jugendalter. Acta Paedopsychiatrica 43 (1978) 197–208
Schieber, M.: Suizidversuche und Suiziddrohungen im Kindes- und Jugendalter. Diss. Tübingen 1979
Stengel, E.: Selbstmord und Selbstmordversuch, Conditio humana. Ergebnisse aus der Wissenschaft vom Menschen. Fischer, Frankfurt/M. 1969
Wellhofer, P.R.: Suizid und Suizidversuch: Theorien, Ergebnisse, Möglichkeiten der Prophylaxe. Psychol. Rundschau 25 (1974) 205–221
Winnicott, D.W.: Kind, Familie und Umwelt. 3. Aufl. Ernst Reinhardt, München-Basel 1980

Zur Familiendynamik parasuizidaler Handlungen bei Kindern

Roland Schleiffer

Zusammenfassung

Die psychoanalytische Theorie von *Henseler,* die einen Suizidversuch als Ausdruck einer narzißtischen Krise interpretiert und die Mehrgenerationen-Perspektive von *Boszormenyi-Nagy,* der besonders die ethische Dimension der intrafamiliären Interaktionen betont, werden durch einen familiendynamischen Aspekt ergänzt. Verschiedene Interpretationsmöglichkeiten des Suizids im Kindesalter werden diskutiert. Im Hinblick auf „Zukunftsperspektive" werden die meisten kindlichen Suizidhandlungen als parasuizidal aufgefaßt. Aus familiensystemischer Sicht wird eine Krise im Selbstwertregulationssystem als Ursache des Suizids angesehen. Mit dieser Handlung soll versucht werden, den krisenhaften Zustand positiv zu verändern.

Ein Vorhaben, den vielen Suizidtheorien eine weitere, eine familiendynamische Theorie suizidalen Handelns hinzufügen, mag von manchen zumindest als Zumutung empfunden werden. Es soll daher kurz begründet werden.

Erstens sollte ein neues Konzept therapeutische Konsequenzen in sich bergen. Psychiatrie als Wissenschaft ist zu allererst therapeutischer Praxis verpflichtet. Zweitens lassen sich nur aus plausiblen theoretischen Konzepten Fragestellungen ableiten, deren einsichtige Relevanz erst die Mühe statistisch abgesicherter Validisierung lohnend erscheinen läßt. Noch allzuoft bestimmen einseitig Methoden die Fragestellungen. Das zu beschreibende familiendynamische Konzept vermag u.E. beide Forderungen zu erfüllen.

Ausgangspunkt der nachstehenden Überlegungen sind spezifische, familiendynamische Konstellationen, die bei der klinischen Arbeit mit suizidalen Kindern und ihren Familien immer wieder auffallen. Es soll der Versuch unternommen werden, diese klinischen Beobachtungen zu einem einheitlichen familiensystemischen Konzept suizidalen Handelns zu systematisieren. Dabei erweisen sich die psychoanalytische Theorie von *Henseler* (1974), wonach ein Suizidversuch als Ausdruck einer narzißtischen Krise aufgefaßt werden kann, sowie die Mehrgenerationen-Perspektive von *Boszormenyi-Nagy* (1981) als überaus hilfreich. Daß auch ein familiendynamisches Konzept keine umfassende Gültigkeit beanspruchen kann, sei nur vorsichtshalber angemerkt.

Die Bedeutung der Familie für suizidales Handeln von Kindern ist selbstverständlich schon früher oft erkannt worden. Eine Unzahl von, wenn auch zumeist nicht kontrollierten, empirisch-statistischen Untersuchungen verweist auf die Bedeutung gestörter Familienverhältnisse, sogenannter „broken home"-Faktoren, für spätere depressive Entwicklungen und suizidales Handeln. Dabei ist weit weniger der numerische Verlust einer Bezugsperson entscheidend als die Bedeutung, die diesem Verlust im situationalen Kontext beigemessen wird, sowie die Möglichkeit, kompensatorische Beziehungen aufzunehmen. Die hohe Zahl psychisch gestörter Familienmitglieder, von Alkoholikern oder infantilen Persönlichkeiten in Familien mit suizidalen Kindern zeigt ebenfalls, daß es entscheidend auf die Verfügbarkeit genügend ausreichender Beziehungen ankommt.

Schon oft wurde bemerkt, daß sich in den betreffenden Familien oft auch andere Familienmitglieder mit Suizidideen herumtragen oder gar Suizid begangen haben. Dann besteht eine Suizidtradition (*Schleiffer* 1979), die ein solches Konfliktlösungsverhalten gewissermaßen nahelegt. Familientherapeuten haben auf eine bedrückende Familienatmosphäre, ein „Todesbewußtsein" (*Sperling* 1980), auf einen „Trend zum Tode" (*Moss* u. *Hamilton* 1957), sowie auf eine überwiegende Vergangenheitsorientierung aufgrund nicht zu Ende geführter Trauerarbeit aufmerksam gemacht. Zudem lassen sich in Familien mit suizidalen Mitgliedern allzuoft versteckte oder offene Gefühle der Feinseligkeit dem Suizidanten gegenüber bis hin zu unausgesprochenen oder gar offen ausgesprochenen Todeswünschen ausmachen, denen das betreffende Individuum dann nachkommt (*Rosenbaum* u. *Richman* 1970).

Das psychoanalytische Konzept, wonach eine Suizidhandlung Ausdruck einer Krise des Selbstwertregulationssystems ist, eignet sich für eine Transposition auf die Familienebene aus zwei Gründen: Zum einen kann die Entwicklung des narzißtischen Systems nur aus einer Analyse der frühesten Beziehung zwischen dem Kind und seinen Bezugspersonen, insbesondere der Mutter, heraus verstanden werden. Dabei verweisen narzißtische Persönlichkeitsstörungen auf frühe Trennungstraumata (*Finger* 1980). Zum anderen ist das Selbstwertregulationssystem bei Kindern noch weitgehend Ausdruck der Wertschätzung durch die Eltern. Es ist daher verständlich, daß Suizidhandlungen auslösende Kränkungen bei Kindern weit mehr im familiären Umkreis zu eruieren sind als bei Adoleszenten, bei denen schon Probleme von Schule und Beruf sowie Partnerschaftskonflikte bedeutsam sind.

Aus familiensystemischer Sicht läßt sich ein narzißtisches Subsystem postulieren, dem die Funktion zukommt, alle Familienmitglieder mit einem ausreichenden Selbstwertgefühl auszustatten. Die Suizidhandlung eines Familienmitgliedes zeigt dann eine Krise oder gar ein Versagen dieses Subsystems an. Für eine adäquate Beschreibung dieses Subsystems bietet sich das Mehrgenerationenkonzept von *Boszormenyi-Nagy* (1981) an, der bekanntlich besonders die ethische Dimension der intrafmailiären Interaktionen hervorhebt. Auch ist die pekuniär-ökonomische Metaphorik seines Konzepts in besonderem Maße geeignet, narzißtische Konflikte, also Probleme von Wert und Unwert, zu beschreiben. Erinnert sei an Begriffe wie „Verdienst- und Schuldkonto" „Verdienst- und Lastenausgleich" u.a. mehr. Ein „faires" Geben und Nehmen ermöglicht das Vertrauen der Familienmitglieder untereinander, von dem anderen nicht narzißtisch ausgebeutet und zum Opfer gemacht zu werden. Stimmt die Verdienstbilanz nicht, läßt sich kein Ausgleich der Schuldkonten erreichen, fühlt sich ein Familienmitglied ungerecht und unter Wert behandelt und daher minderwertig. Das Gefühl mangelnder Wertschätzung kann eine Suizidhandlung auslösen, zumal bei einem Kind, das den Erwachsenen gegenüber die schwächere Persönlichkeit darstellt und leichter narzißtisch ausbeutbar und verwundbar ist.

An zwei Patientengruppen lassen sich diese Zusammenhänge leicht nachvollziehen, bei Kindern psychisch gestörter Eltern und bei Kindern aus unvollständigen Familien.

Psychisch gestörte Personen, etwa Alkoholiker, infantile Persönlichkeiten oder auch Delinquente besitzen zumeist ein geringes Selbstwertgefühl, das sie mit Hilfe der Kinder kompensieren können. So können sich etwa Mütter als oral abhängig von ihren Kindern phantasieren (*Richter* 1976), die dadurch parentifiziert werden. Bei depressiven und selbst suizidalen Eltern kann man in Anlehnung an *Stierlin* (1978) von einer „Delegation auf der Selbst-Ebene" sprechen. Einem Kind wird die Aufgabe zugewiesen, die elterliche Existenz zu sichern. Diese Kinder üben den Suizidversuch dann stellvertretend aus. Oft können es die Eltern sagen, daß sie eigentlich nur der Kinder wegen an ihrem Leben festhalten.

Kinder allein erziehender Eltern laufen Gefahr, von diesen als Partnersubstitut ge- bzw. mißbraucht zu werden, zumal wenn die Loslösung vom früheren Partner einen neurotischen Partnerkonflikt nicht zu lösen vermocht hat.

Solche intrafamiliären Rollenzumutungen labilisieren das narzißtische Subsystem der Familie auf zweifache Weise: Zum einen kommt es zwangsläufig bei diesen Kindern zu Interferenzen mit ihren altersgemäßen Entwicklungsaufgaben und Bedürfnissen, die von ihnen dann als Loyalitätskonflikte erlebt werden, die ihr individuelles Selbstwertgefühl bedrohen. Zum anderen kann die Rolle eines parentifizierten Objektes oder eines Partnersubstituts für das betreffende Kind eine unrealistisch hohe narzißtische Gratifikation bedeuten, von der es gewissermaßen abhängig wird. Gerät das Kind als Substitut negativer elterlicher Selbstanteile in die Rolle eines entwerteten „Sündenbocks", wird dessen individuelles Selbstwertregulationssystem chronisch bis an die Grenze der Belastbarkeit gefordert. Bei einem solchen Kind genügt dann eine oft äußerlich gering erscheinende Kränkung, um „das Faß zum Überlaufen zu bringen". Hat ein Kind sich an eine vordergründig narzißtischen Gewinn versprechende Rolle gewöhnt, führt die Zurücknahme dieser Rollenzuweisung zu einer narzißtischen Krise. Das ist beispielsweise dann der Fall, wenn sich eine geschiedene Mutter nach einer geraumen Zeit des exklusiven Zusammenlebens mit dem Kind einen altersadäquaten Partner sucht. Das Kind fühlt sich dann zu Recht als überflüssig (*Sabbath* 1969) und mit Undank behandelt. Es muß das Gefühl haben, daß gerade die „Habenseite" seines „Verdienstkontos" unterschlagen wird. Es fühlt sich unter Wert behandelt. Sinkt sein Selbstwertgefühl unter eine kritische Schwelle, kann eine Suizidhandlung die Folge sein. Diese erscheint als ein verzweifelter Appell an die Eltern, an ihrer selbstwertgarantierenden Rollenzuweisung festzuhalten.

Aus einer dialektischen Perspektive läßt sich das suizidale Handeln des Kindes auch als Demonstration seiner Opferbereitschaft interpretieren, sich selbst, sein eigenes Selbst in die Waagschale seiner Verdienstbilanz zu werfen. Anderseits antizipieren gerade Kinder oft in ihrer Phantasie spätere Schuldgefühle ihrer Eltern, die dann etwa am Grab zuletzt doch noch erkennen, welchen wertvollen „Schatz" sie verloren haben.

Im narzißtischen Subsystem der Familie verhalten sich Gefühle von Wert und Schuld reziprok, heben sich die Bilanzen des Verdienst- und Schuldkontos gegenseitig auf. Von daher wird die geläufige Erfahrung verständlich, daß Suizidhandlungen regelhaft bei den hinterbliebenen „signifikanten anderen" Schuldgefühle hervorrufen (*Cain* u. *Fast* 1966, *Henslin* 1973).

Nicht zuletzt wegen dieser „Zukunftsperspektiven" lassen sich die meisten kindlichen Suizidhandlungen als parasuizidal auffassen, zumal eine konsistente Todesvorstellung vor der Pubertät nicht vorauszusetzen ist. Aus familiensystemischer Sicht verweist das kindliche suizidale Handeln auf eine Krise des familiären Selbstwertregulationssystems und ist als ein Versuch zu bewerten, diesen krisenhaften Zustand positiv zu verändern.

Therapeutisch kommt es darauf an, die familiäre Verdienst- und Schuldenbilanz zum Ausgleich zu bringen, damit allen Familienmitgliedern ein ausreichendes Selbstwertgefühl zur Verfügung steht. Gerade die Mehrgenerationenperspektive etwa der kontextuellen Familientherapie von *Boszormenyi-Nagy* (1981) erleichtert die Allparteilichkeit und schützt vor allzu einfachen „Umschuldungsmaßnahmen" zu ungunsten etwa der Eltern, eine Gefahr, der gerade Kindertherapeuten leicht bei einer einseitigen Identifikation mit den Kindern erliegen. Die „aktivierende Kraft" (*Boszormenyi-Nagy* 1981) des Therapeuten kann der Familie helfen, ihre Bilanzen gerechter als bisher zu ordnen. Dann vermögen alle Familienmitglieder eine Lebensperspektive zu entwickeln, in der das Vertrauen auf ein faires inter- und intragenerationales Geben und Nehmen die Überzeugung schafft, daß sich Opfer auch lohnen.

Literatur

Boszormenyi-Nagy, I.: Kontextuelle Therapie: Therapeutische Strategien zur Schaffung von Vertrauen. Familiendynamik 6 (1981) 176–195

Boszormenyi-Nagy, I.; G. Spark: Invisible Loyalites: Reciprocity in Intergenerational Family Therapy. Harper & Row, Hagerstown 1973

Cain, A.G., Fast, I.: The Legacy of Suicide. Psychiatry 29 (1966) 406–411

Finger, U.D.: Das Trennungstrauma in der narzißtischen Persönlichkeitsstörung. Psychoanalyse 1 (1980) 41–61

Henseler, H.: Narzißtische Krisen. Zur Psychodynamik des Selbstmordes. Rowohlt, Reinbek 1974

Henslin, J.M.: Selbstmord und die „signifikanten anderen". In: Symbolische Interaktion, hrsg. von H. Steinert, 88–100, Klett, Stuttgart 1973

Moss, L.M., Hamilton, D.: Psychotherapy of the Suicidal Patient. In: Clues to Suicide, hrsg. von E.S. Shneidman und N.L. Farberow, McGraw Hill, New York – Toronto – London 1957

Richter, H.E.: Die Rolle des Familienlebens in der kindlichen Entwicklung. Familiendynamik 1 (1976) 5–24

Rosenbaum, M., Richman, J.: Suicide: The Role of Hostility and Dealth Wishes from the Family and Significant Others. Amer. J. Psychiat. 126 (1970) 1652–1655

Sabbath, J.C.: The Suicidal Adolescent – The Expendable Child. J. Amer. Acad. Child Psychiat. 8 (1969) 272–285

Schleiffer, R.: Suizidhandlung als Familientradition. Zschr. Kinder-Jugendpsychiat. 7 (1979) 208–218

Sperling, E.: Suizid und Familie. Gruppenpsychother. Gruppendynamik 16 (1980) 24–34

Stierlin, H.: Delegation und Familie. Suhrkamp, Frankfurt/M. 1978

Sachregister